나는 친북좌파다

나는 친북좌파다

초판 1쇄 인쇄 | 2022년 12월 12일
지은이 | 이태곤
펴낸이 | 이재욱(필명:이승훈)
펴낸곳 | 도서출판 수필in
주　소 | 서울 영등포구 경인로82길 3-4(문래동1가 39)
　　　　센터플러스빌딩 1004호(우편07371)
전 화 | 02-2612-5552
팩 스 | 02-2688-5568
E-mail | jlee5059@hanmail.net

등록번호　제2021-000164
등록일자　2021년 10월 6일

ISBN 979-11-92835-01-3

나는 친북 좌파다

親BOOK 座派 이태곤의 세상 이야기

이태곤 수필집

수필iN

나의 수필 미학

　나는 이 책의 제목을 정하는 데에 많은 망설임이 있었다. "나는 친북좌파다." 너무 과격하지 않을까? 지나치게 선동적이지 않을까? 그러나 그 선언의 내용은 전혀 다른 의미를 지니고 있기에 책의 제목을 그렇게 정하기로 하였다. 나의 선언은 책을 좋아하고(친북), 매일 책상 앞에 앉아서(좌파) 생활한다는 의미이다. 이것은 낯설게 하기이다. 더 나아가서 개념에 불과한 것이 이데올로기로 작용하면 국민을 분열시킬 수 있다는 철학도 함께 담고 있다. 나의 글쓰기의 바탕에는 철학과 미학이 깔려있다. 나의 철학과 미학은 다분히 사회적이다. 문학과는 거리가 멀지도 모른다. 그러나 이것은 하나의 새로운 도전이라고 생각한다. 그래서 나는 이 책의 시작을 내가 생각하는 수필의 미학으로 시작하려고 한다.

　예술작품에 대한 해석은 해석자가 자신의 견해를 투사하는 것을 의미한다. 100% 객관적인 해석은 불가능하다는 이야기이다. 비어즐리에게는 작품 속에 숨겨져 있는 것을 드러내는 작업이고, 마골리스에게는 외적인 내용을 부과하는 작업이다. 나의 생각은 어쩌면 마골리스의 생각과 유사할지도 모른다. 바르트나 데리다에 있어서도 예술작품의 해석은 참이나 거짓, 혹은 타당성과 부당성의 문제가 아니라 불확정적이거나 미결정적인 것이라고 한다. 그들에게 예술작품의 해석은 미결정적인 것을 채워주는 새로운 창조에 가깝다. 바르트는 텍스트의 의미를 부여하는 권한이 저자에게 없다는 의미에서 저자의 죽음을 이야기하고, 텍스트의 의미는 끝없이 생산된다고 보았다. 데리다는 텍스트에 대한 해석은 자유로운 유희에 불과하다고 보았다. 단어의 의미는 다른 단어들과의 차이에서 생기며, 이 차이는 무한하게 변화한다고 보았다. 예술작품의 해석에 유일한 하나의 해석이 없다고 보는 입장에서 예술작품의 해석에는 참과 거짓이 없고 해석자의 유희만 있을 뿐이라는 입장에 공감한다.

  우리가 예술작품이라고 하는 것은 그 작품에 그만한 가치가 있다고 전제하는 것이다. 작품의 평가에도 하나의 기준이 있다고 보는 학자들도 있지만, 현대 미학자들은 그러한 견해에 회의적이다. 이들은 예술 전반에 걸쳐 적용될 평가기준은 없으며, 만일 있다고 해도 그 기준은 단지 주관적이거나 사회계급이 주입한 개념의 결과물이라고 본다. 만약 예술작품 속에는 미적 속성이 있으며, 그러한 미적 속성을 밝힘으로 해서 작품이 평가되어야 한다면 이상적인 비평가의 존재도 가능하다. 이상적인 비평가는 예술사에 대한 해박한 지식, 편견 없는 자세, 미적 가치를 알아채는 정서적 감수성을 두루 갖춘 사람이어야 할 것이다. 하지만 톨스토이는 셰익스피어의 문학이 진부하다고 했다. 톨스토이는 이상적인 비평가인가? 괴테는 낭만주의 문학을 병든 문학이라고 했다. 괴테는 이상적인 비평가인가? 예술작품의 근본적인 가치는 우리의 정신 능력을 확장시키고, 새로운 가능성의 세계를 보여주는 것에 있다고 본다. 그러한 가치 때문에 우리는 작품에 몰입할 수 있다. 우리의 정신을 몰입시킬 수 있는 작품이 훌륭한 예술 작품이라고 평가할 수 있다. 하지만 이러한 몰입도 어쩌면 우리와 취미를 같이 공유하는 사람들끼리의 몰입이기도 하다. 예술작품의 해석을 유희로 보는 태도와 유사하게, 예술작품의 평가 역시 같은 사물에 대한 취미나 감상을 공유함으로써 유대감을 높이려는 사람들끼리의 유희라고 보는 견해에 공감한다.

예술작품에 대한 비평은 해석과 평가를 함께 하는 것이다. 위에 언급한 바대로 작품의 해석과 평가가 유희에 불과하다는 입장에서는, 비평가의 비평 역시 하나의 유희일 뿐일 것이다. 멋있는 비평도 있다. 새로운 창작물로서의 비평이다. 그런 비평은 작품에 충분히 몰입하고, 작품을 진정으로 사랑할 경우에 탄생한다. 수전 손택은 이렇게 말한다. "나는 예술작품의 등급을 매기는 데에는 별 관심이 없다. 내게 감탄을 주지 못하는 예술작품들에 관해 글을 쓰지 않으려고 하는 이유도 여기에 있다. 나는 열렬한 팬이자 지지자로서 글을 쓴다." 이런 자세가 진정한 비평가의 자세라고 생각한다.

나의 글쓰기에는 수필이 하나의 창작물로서 예술적인 가치가 있는 것으로 평가받고 해석되기 위해서 어떠한 글이어야 하는가에 대한 고민이 깔려있다. 이 글은 나의 수필 미학을 정립하고자 하는 몸부림이다. 예술적인 글쓰기를 한마디로 정의하기 쉽지 않다. 예술이란 가족 유사성이란 용어로 정의하기도 하고, 또한 미술관에 걸린 그림만 예술작품이라고 정의 내리기도 한다. 예술은 인간이 행하는 의식적 행위이지만, 그 속에 작가의 의도, 수용자의 효과, 사물과의 관계, 가치 등 다양한 관점을 포함한다. 그 모든 것이 예술이다. 타타르키비츠는 예술이 다른 것과 구별되는 특징을 여섯 가지로 설명한다. 간단하게 옮기면 다음과 같다. 미를 산출한다. 실재를 재현한다. 형식의 창조다. 표현이다. 미적 경험을 낳는다. 충격을 낳는다. 이 중 어느 하나만 진정한 예술이라고 말할 수는 없다. 다만 "나는 이런 예술을 추구한다"라고는 말할 수 있을 것이다. 오늘날의 예술은 늘 새로운 것을 추구한다. 그래서 아방가르드, 다다이즘, 초현실주의 등 다양한 장르들이 등장한다. 예술적인 글쓰기에 있어서의 새로움이란 무엇일까? 특히 수필이 추구하는 아름다움은 어디에서 비롯될까? 답을 찾기가 쉬운 질문은 아니다.

누군가는 글쓰기가 깃발이 되어서는 안 된다고 말을 한다. 전적으로 동의한다. 신문이 황색 저널리즘이 되어서는 안 되는 것처럼, 글쓰기도 깃발이 되어서는 안 된다. 하지만 칼라스 사건을 재조명한 볼테르의 용기가 깃발일 수는 없다. 뒤레프스 사건에 대해 '나는 고발한다'를 외친 에밀 졸라가 무슨 깃발을 흔들었다고 말할 수는 없다. 지식인의 사회참여일 뿐이다. 예술을 한마디로 정의할 수 없는 것처럼, 예술로서의 글쓰기도 다양할 수 있다. 그 다양함 속에서 나는 사회참여로서의 글쓰기를 추구한다. 사회참여도 예술이다. 인간은 사회를 떠나서 살 수 없듯이, 인간이 만든 예술 작품 역시 우리의 현실을 떠날 수 없다. 타타르키비츠가 이야기하는 충격은 결국 낯설게 하기와 접목된다. 글은 새로운 충격을 안겨줄 수 있다. 우리의 평범한 일상 속에서 은폐되어 있는 그 무엇을 밝히려는 시도로써의 글이 수필의 장점이기도 하다. 권력과 기득권의 횡포를 들추어내고, 전체주의로의 진행을 막고자 하는 것은 깃발이 아니다. 사회참여로서의 글쓰기는 사회에 대한 새로운 해석이면서, 동시에 희망으로서의 미래를 꿈꾼다. 나는 그런 글을 쓰고자 한다. 그것이 나의 수필 미학이다.

나의 수필 미학   4

1. 이건 뭐냐?

등 따시고 배부른 게 최고야   16
사돈의 농막   21
삶의 태도   26
생활의 현장에서 알아가는 것들   31
생후 50일의 기념사진   36
술 당기는 날   42
아내와 전복요리   47
어머니의 빈자리   52
이건 뭐냐?   56
자연과 함께 하는 힐링의 공간   61
코로나 시대의 막내딸 결혼식   67
팔당대교를 다녀오다!   71
풀뿌리 민주주의   76

2. 호랑이가 물러나자 늑대가 나타났다

30년 된 소파	83
개혁의 어려움	88
공동체 몰락의 징조	93
공장 사람들	98
나는 '친북좌파'다	103
눈뜨고 코 베어가는 세상	108
당위가 우리의 덫이다	112
도시 텃밭의 경계	116
돈이 중심인 세상	120
민주화! 아직도 진행 중이다	125
보수의 텃밭에서	130
사공이 많으면 배가 어디로 갈까?	134
학자도 학자 나름인 세상	139
호랑이가 물러나자 늑대가 나타났다	144

3. 푸코를 꿰매다

리좀적 사고	150
동물농장과 푸코	153
민족 통일국가의 꿈	158
비곗덩어리	164
생각하는 백성이라야 산다	171
에밀 졸라 "나는 고발한다"	177
예술계의 무서운 힘	181
올드 보이는 '오이디푸스 누아르'인가?	186
포퓰리즘 세상	191
푸코를 꿰매다	196

4. 영등포의 빛과 어둠

같은 소비, 또 다른 얼굴	202
권력과 성	209
나의 내면에 있는 화성인	216
마음이 아픈 사람들	221
시를 쓰는 여인	226
아내와 엄마	232
영등포의 빛과 어둠	237
인명은 재천인가?	242
자살을 방조하는 사회	250
착각 속에 사는 인생	258
탈 진실의 시대	262
행복한 시시포스	268

… 1

이건 뭐냐?

등 따시고 배부른 게 최고야

"등 따시고 배부른 게 최고야!" 1960년대 초등학교 다녔던 시기에 동네 어른들에게 들었던 이야기이다. 나는 김천이라는 소도시에서도 변두리에 해당하는 '가메실'이라는 조그마한 동네에 살았다. 50여 가구는 조금 넘었을 것으로 짐작한다. 집 뒷동산은 낮은 산기슭이라서 정월 대보름날이면 그곳에 올라가서 깡통에 숯불을 담아 돌리면서 놀았다. 그 당시에는 그 놀이가 무엇을 의미하는지는 몰랐지만, 동네 사람들과 함께 어울리는 것이 좋았다. 동네에는 공동 우물도 있었다. 동네 아주머니들이 그곳에 모여 빨래하는 장면이 기억난다. 그러면서 공동체 의식이란 것이 생겼을지도 모른다. 먹고 살기는 힘들었을지 몰라도 동네 사람들과 소통하면서 살았던 것 같다. 이웃의 아픔도 함께했던 것으로 기억한다. 그 시절의 도시

생활은 잘 모른다. 내가 살았던 그 동네에서는 이웃의 애경사는 물론이고, 명절에도 많은 이웃이 함께했고, 상부상조하는 분위기였다고 기억한다.

학교 다닐 때 등하고 길은 아직도 기억이 생생하다. 학교까지 신작로를 걸어서 가면 빙 둘러서 가는 길이었고, 작은 산을 하나 넘어가면 지름길로 가는 길이었다. 당연히 나는 동네 친구들과 함께 산길로 학교에 다녔다. 책가방도 없었다. 보자기에 도시락과 책을 묶어서 등에다가 동여매고 학교에 다녔다. 하굣길은 더욱 재미있었다. 빈 도시락에서 젓가락 부딪치는 소리가 그렇게 듣기가 좋았다. 베토벤을 몰랐지만, 그 소리는 나에겐 베토벤의 음악과 맞먹는 음악이었다. 겨울철에는 논에 물을 대고 스케이트 탔던 기억도 생생하다. 나는 그나마 부유한 집안의 자식이라 철로 만든 스케이트 날을 나무에 붙여 스케이트를 만들어 탔다. 그런 형편도 안 되는 친구들은 굵은 철사를 이용했다. 굵은 철사가 스케이트 날을 대신했다. 그 당시에도 빈부의 격차는 있었겠지만, 동네에서 함께 놀던 친구들의 생활은 대동소이했다고 기억한다.

그 동네에서 우리 집이 제일 컸다. 아마 800평은 되었을 것이다. 집 대문을 열고 방안에 들어설 때까지의 거리가 50m는 넘었을 것이다. 집안에 연못도 있었고, 커다란 감나무가 10그루쯤 있었고, 커다란 암수 은행나무도 있었다. 초등학교 입학 전에 연못가에서 놀다가 연못에 빠져 죽을 뻔한 기억도 있다. 집이 넓어서 집을 지키기 위해 커다란 개도 키웠다. 진돗개라고 하지만 맹견이었다. 그 시절에는 도둑도 많았던 것 같았다. 우리 집에도 도둑이 들었다는 이야기는 몇 번이나 들었다. 도둑이 우리 집 진돗개를 죽이기 위해 독약을 탄 음식을 던져 주었는데 아침에 그 고기가 그대로 남아 있었다는 이야기도 기억도 난다. 나는 막내였기에 안방에서 부모님과 함께 잠을 잤다. 아버님은 권총을 휴대하고 계셨다. 소방서장이었기에 가능한 일이었다. 아버님의 권총과 진돗개가 우리 집을 지키고 있었다.

아버지의 권총은 우리 가족을 지키는 데 큰 역할을 했다. 아버님만 집안에 계시면 온 집안이 평안했었다. 그런데 진돗개는 다르다. 나는 우리 집 개가 무서웠다. 개는 자신에게 밥을 주는 어머님, 형들만 좋아한다. 자신을 좋아하는 사람들만 좋아한다. 그 시절에는 다른 집에서는 개를 풀어놓고 키웠다. 나는 동네에서 친구들과 뛰어놀다가 다른 집에서 키우던 개에게 물린 기억도 있었다. 그래서 우리 집 개에 대해서도 공포심이 있었다. 내가 진돗개 옆을 지나치면 그 맹견은 나를 공격할 듯이 덤벼든다. 물론 밧줄로 묶어 놓았기에 한 번도 우리 집 개에게 물린 기억은 없다.

누울 자리가 있고, 먹을 음식이 적당한 어린 시절의 삶이 최고였던 것 같았다. 행복지수가 욕망을 분모로 하고 소비를 분자로 한다면, 그 시절에는 욕망의 크기가 그리 크지 않았기에 지금보다 잘 살지 못했을지라도 훨씬 행복했던 것 같다. 그런데 자본주의 삶은 소비를 부추긴다. 그리고 사회라는 거대한 조직을 효과적으로 움직이기 위해서 관료라는 제도를 도입해야 한다. 관료란 집안을 지키는 개와 같다. 필요하지만 잘못 키우면 자신을 물지도 모르기에 그렇다. 개도 개의 본문만 잘 지킨다면 아무런 문제가 없다. 그런데 그놈의 개가 자기편만 좋아하고 자기편이 아니면 아무나 공격하게 된다면 그런 개는 필요악이다. 그래서 베버는 관료제가 오히려 민주주의를 쇠퇴시킬지도 모른다고 우려를 했던 것 같다.

아버님이 돌아가신 지가 벌써 40년이 지났다. 아버님은 젊었을 때부터 경찰에 투신하셨다. 지리산 공비 토벌 훈장도 아직 집에 있다. 아버님이 하신 말씀이 아직도 기억에 남는다. "내가 빨갱이라고 하면 빨갱이야! 그래서 내가 많은 사람 살리기도 했었지!" 반대로 생각하면 죽이기도 했었다는 말씀이셨다. 내가 태어나기 전에는 우리 집에 죽창을 들고 난입하는 사람도 많았다고 한다. 경찰 간부인 아버님을 공격하기 위해서였다. 엘리트를 죽이면 또 다른 엘리트가 그 자리를 대신한다는 논리를 그 당시에는 몰랐을까? 아무튼 아버님을 공격하기 위해서 여러 번의 시도가 있었다고 들었다. 지금 아버님이 대통령 후보로 나선다면 어떤 공약을 내걸까? 아버님이 경찰 간부로 생활하셨을 때는 천상천하 유아독존의 시절이었던 것 같다. 그런 아버지였기에 어쩌면 동물농장의 나폴레옹 같은 지도자가 되었을지도 모른다. 그래도 어린 시절 아버지에 대한 기억은 아련한 그리움으로 나에게 다가온다. 나의 어린 시절은 비교적 여유롭게 자랐지만, 이웃과 함께하고 등 따뜻하고 적당히 먹을 수 있는 삶이 더욱 좋았던 시절이었던 것 같다.

사돈의 농막

주말을 이용하여 딸의 가족과 함께 대전에 있는 사돈의 농막을 다녀왔다. 농막은 농지에 지어진 6평짜리 집을 일컫는다. 1년에 한두 번은 사돈의 농막을 방문한다. 지난해에는 감자를 수확하기 위해 방문했다. 사돈과는 기회만 되면 만난다. 나와는 나이가 비슷해서 서로 격의 없이 지낸다. 그렇기에 만남 자체가 부담스럽지 않다. 지난달에는 사위 집에 놀러 온 사돈 내외와 식사를 했다. 그때 사돈은 자신의 밭에 고구마를 심을 계획인데, 그 고구마를 나에게 심어라고 하였다. 흔쾌히 수락을 하였다. 사돈은 각오를 단단히 하고 내려오라는 말도 덧붙였다. 난 시골 출신이지만 농부의 아들이 아니기에 농사짓는 일에는 젬병이다. 그래도 고구마 몇 줄기 심는 일쯤이야 별일이 아니라고 생각했다. 세상일이 내 뜻대로 이루어지지 않는다는 것을 잘 알고 있었지만, 또 다른 복병이 숨어있을 줄은 꿈에도 생각하지 못했다.

　서울을 출발하여 대전 사돈의 농막에 도착하니 12시가 조금 넘었다. 농막에서는 사돈 내외가 이미 숯불을 피워 놓고 우리가 오기만을 기다리고 있었다. 우리가 도착하자 곧바로 테이블에 앉아서 고기도 굽고, 준비해 둔 회와 함께 소주를 곁들이면서 다양한 이야기꽃을 피웠다. 손자의 성장에 관한 이야기가 대부분이었다. 나와 아내는 손자를 가깝게 보고 지내기에 하루가 다르게 성장하는 손자의 모습을 모두 그릴 수가 있지만, 사돈 내외는 손자의 성장을 상상만 할 뿐이었다. 그러니 모처럼 자신의 농막을 찾아와서 뛰어노는 손자의 모습이 그들에게는 대견스럽게 보였을 것이다. 손자는 요즘 말이 부쩍 많이 늘었다. 제법 똑똑한 발음으로 "할아버지! 사랑해!"라는 손자의 말에 할아버지의 입은 귀에 걸쳐진다. 점심식사 후 나는 나의 임무를 수행할 준비를 했다. 날씨가 그다지 덥지는 않았으나 햇볕은 따가웠다. 사돈이 준비해 놓은 밀짚모자를 쓰고 고구마 심을 밭으로 갔다. 농막을 중심으로 꾸며진 농지 전체의 크기는 천 평에 가깝다고 한다.

　원래 그곳은 36년이나 묵혀 놓은 맹지였다고 한다. 맹지란 길도 없고, 물도 없고, 잡초와 잡목만 무성한 말 그대로 야산이라는 말이다. 그런 곳을 손자가 뛰어놀 수 있고, 지인들이 찾아와서 한나절을 즐기고 갈 수 있는 아름다운 농원으로 만들어 놓았으니 나로서는 감히 상상할 수조차 없는 일이었다. 맹지였던 그곳의 잡초를 뽑는 일, 돌들을 제거하는 일, 길을 만드는 일, 수도를 놓는 일, 전기를 끌어들여서 농막을 짓는 일! 그 모든 것이 쉽지 않았을 텐데 사돈은 그것을 해냈다. 그뿐만이 아니다. 맹지를 가꾸어 농지로 바꾸고, 그곳에 나무와 꽃을 심었고, 연못을 만들어 잉어를 키우고, 또 작물들도 키운다. 그것도 공학박사인 사돈이 정년을 하고 60대 초반에 시작해서 3년 동안 그 일에 매달려서 꾸며낸 거대한 작업이었다. 그 힘든 일을 해내면서 사돈이 요즘 가장 좋아하는 바지는 5,000원짜리 작업복 바지라고 한다. 사돈은 그곳에서 자유를 느끼는 것 같았다. 사돈은 그곳을 '무장무애의 낙원'이라고 부른다. 마음속으로 사돈의 열정에 감탄의 박수를 보냈다.

일일 농부인 나는 사돈에게 물었다. "고구마는 어떻게 심는 겁니까?" 사돈은 끝이 브이 자로 갈라진 쇠막대기를 미리 준비해 두었다. "이 갈고리 끝에 고구마 줄기 걸어서 비스듬히 땅 속 깊이 밀어 넣으면 됩니다." 처음 해 보는 일이라서 선뜻 이해하기 어려웠으나 사돈의 말을 그대로 따라 해 보았다. 옆에서 지켜보든 사돈이 "맞습니다. 잘하시는데요"라고 말을 한다. 고구마 심는 간격은 20cm 정도의 거리를 두면 된다고도 이야기했다. 얼마 지나지 않아 열이랑 정도 되는 밭에 준비해 둔 고구마 줄기를 모두 심었다. 그러자 사돈이 새로운 미션을 준다. 고구마 밭 옆에 검은 비닐로 덮어 놓은 빈

땅이 있었다. "사돈! 이곳 비닐을 뚫고 나온 잡초도 함께 뽑읍시다. 이 놈들을 그대로 두면 나중에 손을 쓸 수 없을 정도로 자란답니다." 옆을 보니 검은 비닐을 뚫고 나온 잡초 몇 포기들이 보였다. 간단한 일이었다. "예! 그럽시다." 그렇게 그 미션도 수행을 했다.

거기까지는 비교적 쉬운 일이었다. 그리고 나니 자신이 가장 힘든 일이 있다고 한다. "뭐지요?" 나는 별생각 없이 물었다. "저 언덕에 있는 잡초를 모두 뽑고 그 자리에 잔디를 심으려고 하는데 난 도저히 자신이 없어요." 힘이 부족해서 잡초를 뽑을 수 없다는 말이었다. 힘 하면 남에게 뒤지지 않는 나는 선뜻 대답했다. "제가 하지요!" 무식하면 대담해진다는 말이 맞다. 사위도 옆에서 거든다. "아버님이 수영 선수이시기에 팔 힘은 대단하실 거예요." 기분이 나쁘지는 않았다. 그렇게 새로운 미션에도 도전했다. 그런데 잡초의 뿌리가 그렇게 단단한지 몰랐다. 양손에 힘을 다 주고 몸을 비틀면서 당겨도 뿌리가 뽑히지 않는다. 이마에는 땀이 흘러내렸다. 그러자 옆에서 지켜보던 사돈이 요령을 가르쳐 준다. "그럴 때는 호미질을 몇 번하면 쉽게 뽑힐 겁니다." 정말이었다. 모든 힘을 다 쏟아부어도 뽑히지 않던 잡초가 호미질과 함께 하니 쉽게 뽑혔다. 힘과 요령의 앙상블이 필요한 작업이었다. 안사돈의 목소리가 들린다. "사돈 불러 놓고 일 시키는 사람이 어디 있어요?" 난 바깥사돈이 무안해 할까 봐 즉시 대답했다. "괜찮습니다. 저에게 이 일은 자유로운 놀이입니다."

그렇게 일을 끝내고 안사돈이 준비한 과일과 차를 마시며 담소를 나눴다. 담소 중에는 사돈이 쓴 수필집 〈두 번째 서른, 앙코르 라이프〉라는 책 이야기도 있었다. 이곳 맹지를 농지로 바꾸면서 생긴 일들을 책으로 엮어 냈다고 한다. 사돈은 벌써 스무 권에 가까운 수필집을 출판한 베테랑 수필가였다. 수필에 관심 있는 나는 선배 수필가인 사돈의 이야기를 재미있게 들었다. 다양한 담소 중에 압권은 손자에 관한 이야기였다. 우리 둘은 이구동성으로 "손자가 비범하다"라고 입에 침이 마르도록 칭찬에 열을 올렸다. 옆에서 아내와 안사돈은 웃으면서 말한다. "아무튼 할아버지들이란!" 손자를 중심으로 두 가족이 뭉쳐서 즐겁게 토요일 오후를 보냈다. 소통의 즐거움이란 이런 것인지도 모른다. 헤어지기 전에 사돈에 대한 칭찬의 말도 아끼지 않았다. "사돈은 조경을 전공하지 않았을 텐데, 이곳을 어떻게 이렇게 조화롭게 꾸미셨습니까?" 사돈은 아내의 코치를 받아서 꾸몄을 뿐이라고 대답했다. 그렇게 즐거운 한나절을 보내고 사돈의 농막을 떠났다. 그때까지도 몰랐다. 그런데 다음 날 아침에 일어나니 허리가 뻐근했다. 어제의 일이 과욕이었던 것 같았다. 평소에 사용하지 않았던 근육을 무리하게 사용한 것이었다. 하지만 통증의 아픔도 나에겐 즐거움으로 다가왔다. "내가 다듬어 놓은 그 언덕에 이젠 잔디가 자라겠지?" 피식 웃음이 났다. 허리의 통증이 나에게는 훈장이었다. 나의 노동이 자유로운 놀이이기에 그렇다.

삶의 태도

어제는 우연히 수필을 좋아하는 사람들의 모임에 참석했다. 때마침 문학박사인 어떤 사람이 자신의 글 '아포리즘 수필과 장자의 우언'에 관한 이야기를 했다. 그분의 이야기는 수필이 반드시 짧아야 할 이유는 없지만, 삶의 지혜가 담겨있는 장자의 우화와 같은 글이면 좋겠다는 이야기였다. 철학에 관심이 많은 나로서는 그 이야기 중 많은 부분에 공감했다. 마음속으로는 "굳이 장자를 들먹일 필요가 있었을까?"라는 의구심도 들기는 했었다. 장자가 아닌 다른 철학자들도 다양한 우언들을 말했다. 플라톤의 동굴의 우화나 니체의 낙타, 사자, 어린아이의 비유 등 수많은 철학자의 우언들이 많다. 물론 플라톤, 니체의 글쓰기와 장자의 글쓰기는 다르기는 하다. 문학박사인 그분은 장자의 글쓰기가 수필과 더 어울린다는 생각이었을지도 모른다. 이런 내 생각을 그에게 이야기하지는 않았다. 사실은 굳이 장자나 니체를 들먹이지 않더라도 우리는 우리 주변의 모든 대상에서 삶의 지혜를 깨우칠 수 있다. 자신의 태도가 문제이다. 배우겠다는 자세만 가지고 있다면 개미에게도 배울 점이 있다.

저녁에는 노래방을 운영하는 친구 집에 놀러 갔다. 60대 중반의 나이에 노래를 부르고 싶어서 노래방에 간 것은 아니었다. 코로나로 힘들어하는 친구를 위로하기 위한 방문이었다. 나도 조그마한 필라테스 센터를 운영하고 있기에 소상공인들의 어려움을 잘 알고 있다. 동병상련의 입장에서의 방문이었다. 나는 최근 몇 개월 적자였다. 다행히 정부에서 손실보상금 명목으로 몇백만 원을 주어서 조족지혈이지만 센터 운영에 약간의 도움은 되었다. 나는 친구에게 정부에서 주는 손실보상금을 받았느냐고 물어보았다. 그도 받았다고 한다. 또한 손실보상금과 손실보전금도 있다고 이야기해 주었다. 그렇게 다양한 정보를 주고받으면서 술판이 벌어졌다. 내가 준비해 간 족발과 소주를 테이블에 펼쳐놓고 이런저런 이야기를 나누었다. 그 친구는 20년 전에 간이식 수술을 받았다. 그런데도 가끔 음주도 하고, 심지어 담배까지 피운다. 성한 몸도 아니면서도 낮과 밤이 바뀌어 생활하는 노래방까지 운영하는 것을 보면 참으로 대단한 친구이다. 배운 것이 없어서가 그런 것은 아니다. 친구는 서울의 유명한 K대학을 졸업했다.

친구와의 다양한 이야기 중에 환자 동우회와 관련된 이야기는 놀라웠다. 친구는 간이식 수술을 받은 환자들의 동우회에 가끔씩 나간다. 친구는 그 모임에서 자기 삶에 대한 진솔한 이야기를 다른 환자들에게 전해준다고 한다. 그것이 다른 환자에게 도움을 줄 수 있다고 판단해서이다. 그런데 자기 생각과는 달리 자신의 이야기가 다른 사람에게는 도움이 되지 않았다. 오히려 다른 환자들이 자신을 비난한다고 한다. 친구의 이야기는 이러했다. "나는 수술 이후에 일반 직장생활은 하지 못하고 삶의 방편으로 밤과 낮이 바뀐 노래방을 운영한다. 그런데 하늘의 도움이 있었는지는 몰라도 수술 후 20년이 지난 지금까지 특별한 부작용이 없이 잘 지내고 있다. 지금은 약간의 음주와 흡연도 가능하다." 사실 그대로이다. 그런데 친구의 진솔한 이야기가 다른 환자에게는 도움을 주지 못했다. 오히려 다른 환자들이 자신에게 화를 냈다고 한다. "그렇게 살 바에는 왜 수술을 했느냐! 공기 좋은 데서 생활하고 음주와 흡연은 절대로 금지해야 하는데 당신 같은 삶이 도대체 말이나 되는 이야기냐!"

처음에는 친구의 이야기가 선 듯 이해가 되지 않았다. 친구는 사실을 있는 그대로 이야기했을 뿐인데, 왜 다른 사람들은 그렇지 않다고 생각할까? 순간적으로 심리학에서 언급하는 인지부조화가 생각이 났다. 그랬을 것 같았다. 자신이 가지고 있는 건강에 대한 신념과는 동떨어진 친구의 이야기가 그들을 불편하게 했을 것이다. 인지부조화에 대한 불편한 감정은 건강한 사람이나 건강하지 않은 사람이나 마찬가지였다. 내 생각으로는 몸이 아픈 사람들이야말로 자신의 병을 극복하기 위해서 다른 사람들의 말을 경청해야 하는데, 실제로는 그것이 가능하지 않은 것 같았다. 경청하기보다는 자신의 신념을 지키려고 한다. 그들에게는 자신의 신념에 반하는 친구의 이야기가 거북했던 것 같았다. 친구는 급기야 비난까지 받았다고 한다. 건강한 사람이나 건강하지 않은 사람이나 모두 자신의 덫에 갇혀 사는 것이 우리의 삶일지도 모른다.

"넌 어려운 환경 속에서도 긍정적인 자세로 삶을 살고 있구나!" 나는 친구에게 격려의 차원에서 이야기했다. 친구의 답변은 또 한 번 더 나를 놀라게 했다. 자신은 자신의 병에 대해서 긍정적으로 생각하고 있지 않다고 이야기한다. 항상 불안하다고 한다. 그래서 친구는 보통 새벽 5시경 영업을 끝내고 귀가하는데, 귀가와 동시에 항상 한 시간 정도 동네 뒷산을 오른다고 한다. "그렇게라도 하지 않으면 안 될 것 같아서 그렇게 한다"라는 친구의 이야기 속에는 삶의 절박함이 담겨 있었다. 친구는 불안을 떨쳐내기 위해서 자신의 주변에서 작은 행복을 찾는 것이었다. 새벽에 동네 뒷산을 매일 오르다 보면 자주 만나는 사람들이 있고, 자연히 그들과 친구가 된다는 것이다. 그런 사람들과 만나서 소통을 하는 것이 불안을 해소하는 데 가장 효과적이라고 친구는 이야기한다. 친구는 그렇게 만난 사람들의 이야기를 모두 들어준다고 한다. 그 이야기 속에는 자식이 자살한 이야기도 있었다고 한다. 참으로 대단한 친구였다. 친구의 이야기는 삶과의 투쟁에서 승리를 구가하고 있는 것처럼 들였다.

공자의 이야기 중 "세 사람이 함께 가면 그중에 스승이 반드시 있다"라는 말이 있다. 세 명 중 한 명의 스승이 존재한다는 의미가 아니라, 공자의 말은 삶의 태도를 이야기하고 있다. 선한 것이 있으면 선을 취하고, 악한 것이 있다면 악을 고쳐야 한다는 말이 뒤따른다. 배울 자세가 되어 있다면 우리 주변의 모든 것에서 배울 수 있다는 의미이다. 진정으로 배울 자세가 되어 있지 않으면 자신의 앞에 진짜 스승이 나타나도 배울 수가 없다. 소를 우물가에 데리고 갈 수는 있어도, 강제로 물을 먹일 수는 없는 노릇과 마찬가지이다. 사실은 삶의 태도가 올바르면 공자가 무슨 소용이며, 장자가 무슨 소용이며, 니체가 무슨 소용이겠는가? 난 어제 친구와 단둘이 친구의 노래방에서 둘만의 노래를 불렀다. 가슴을 파고드는 노래였다. 나의 노래는 그에게 아무런 감흥이 없었을지 모르지만, 그가 부른 노래는 나를 감동시켰다. 자신은 절대로 낙관적인 사람이 아니라고 한다. 그리고 비슷한 시기에 수술받은 사람들 중에 많은 사람이 죽었다고 한다. 도피하는 사람들이 결국 먼저 죽었다는 이야기도 했다. 그가 삶을 대하는 자세는 적극적인 투쟁이었다. 그리고 작은 행복 속에서 큰 불안을 떨쳐내려는 지혜가 있었다. 그는 나의 스승이다.

생활의 현장에서 알아가는 것들

2023년부터 적용되는 최저시급이 올랐다. 최저시급이 9,620원이다. 여기에다 주휴수당이라는 요상하게 생긴 놈이 합해지면 시급이 11,550원이 된다. 2017년 최저시급 6,470원에 비교하면 불과 5년 만에 엄청난 액수가 늘어났다. 2017년 전에는 평균 7% 전후대의 인상률을 보였다. 그런데 2018년에 16.4%, 2019년에 10.9% 올랐다. 물론 2020년에는 2.9%, 2021년에는 1.5%의 숨고르기 기간이 있었다. 그 후 지난해에 5.1%, 올 해에는 5% 인상되었다. 경제학자가 아니기에 최저시급이 경제에 미치는 영향까지 알 수는 없다. 다만 최저시급이 급격하게 올랐던 2018년에 노후의 생계수단으로 삼았던 편의점을 접었다. 최저시급의 직격탄을 맞은 것이었다.

최저시급이 급격하게 오르기 전에는 편의점을 운영하면 평균 200만 원 정도의 수입은 되었다. 가장 쉽게 이야기를 하면 월 500만 원의 수익금 중 인건비로 300만 원 지출하고 나머지 금액이 경영주의 수입이었다. 그러던 것이 인건비 지출 비중이 20% 가까이 인상되게 되니 남는 금액이 140만 원으로 줄어들게 된 것이었다. 그 정도의 금액이면 내가 다른 편의점에서 아르바이트하는 것이 오히려 마음 편하다. 결국 나는 편의점을 접었다. 물론 편의점 본사와 어떤 계약을 맺느냐에 따라 수익구조가 달라진다. 예를 들어 본사와의 계약에서 돈을 많이 투자한 경영주의 경우는 수익 구조가 좋다. 다만 위험 부담이 따를 뿐이다. 지금도 월 1,000만 원의 수익을 올리고 있는 편의점도 있다. 편의점 중 상위 20%에 해당하는 그런 편의점 경영주들은 최저임금에 큰 영향을 받지 않는다.

어제는 주민자치회의 임원회의가 있었다. 약 6개월간 주민자치회에 참석하여 자원봉사를 하다 보니 새로운 것을 많이 알게 되었다. 주민자치회가 제대로 움직이기 위해서는 사무국장이라는 사람의 역할이 절대적이다. 사무국장은 주민자치위원 중에서 선출하여 하루 6시간 동안 주민자치업무를 지원해야 한다. 주민자치위원들의 업무협조, 주민 센터와의 업무협조, 구청과의 업무협조 등 많은 일을 소화해 내야 한다. 노동의 강도로 보면 만만치 않다. 어제는 식사자리에서 사무국장에게 "사무국장님은 최저시급은 받지요!"라고 물어보았다. 사무국장의 답변은 나의 예상을 벗어났다. "우린 최저시급의 개념이 아니라 활동비 개념으로 돈을 받습니다." 시간당 10,000원의 활동비를 받는다고 한다. 주휴수당도 없다. 그것도 월 120시간을 넘어설 수 없다. 내가 보기엔 분명히 사무국장의 업무는 노동인데, 그의 업무는 노동으로 취급받지 않는다. "누가 월급을 줍니까?" 다소 도발적으로 물었다. "구청에서 주지요! 그런데 전 돈에 구애받지 않아요." 자신은 평균적으로 월 140시간 정도는 일을 하지만 아무런 이의제기를 하지 않는다고 한다. 그와 같은 사람이 있기에 오늘날의 대한민국이 있는지도 모른다. 묵묵히 자신에게 주어진 일을 아무런 불평 없이 소화해 내는 사람들이다.

　다른 주민자치회의 사무국장들은 칼같이 시간을 지키면서 업무를 처리한다고 한다. 충분히 이해할 수 있는 상황이다. 그들이 어쩌면 합리적인 판단을 한 것인지도 모른다. 주는 만큼 일한다. 누가 그들을 탓할 수 있겠는가? 사실 자원봉사라는 것은 자기가 자발적으로 자기를 희생시키는 일이지 않는가? 어떤 보상을 바라고 일을 하는 것이 아니다. 그렇지만 자신의 봉사에 활동비라도 챙겨주니 그것에 감사해야 할지도 모른다. 노동의 관점에서 보면 최저 시급이라는 제도를 관공서인 구청이 스스로 제도를 어기는 상황이지만, 자원봉사자라는 관점에서 보면 그들의 노동은 자발적인 희생에 불과하고, 그러한 희생에 구청이 최소한의 보상을 해주는 꼴이다. 하지만 그렇게만 볼 수 없는 것이 관공서가 시간을 강제한다. 강제가 따르면 노동으로 보아야 하지 않을까? 그런데도 구청은 시간은

1. 이건 뭐냐?　|　33

강제하면서도 그 업무를 노동으로 생각하지 않는다. 관공서가 최저 시급을 지키지 않는 꼴이다.

주민자치회 자원봉사를 하면서 알게 된 또 다른 일도 있다. 문래동에는 1,300여 개의 소공인들이 밀집하여 있고, 300여 명의 예술인들이 활동하고 있는 문래 창작촌 지역이 있다. 이곳에 요즈음은 식당가로 변모하고 있다. 소공인들과 예술인들은 그러한 현상에 큰 우려를 하고 있다. 땅값의 상승과 함께 과도한 월세를 감당하기 어렵게 된 것이다. 결국 약자인 소공인들과 예술인들이 자리를 떠나야 하는 상황이 벌어지고 있다. 젠트리피케이션이 일어나고 있다. 어떤 부동산 업자는 그런 현상이 자연스럽다고 말한다. 땅값은 상승하는데 그 땅에 투자한 사람으로서는 투자에 걸맞은 수입을 올리려고 하는 것이 당연하다는 것이다. 난 그 업자에게 이야기했다. "세상에는 '그럼에도 불구하고'라는 일들이 많습니다. 난 지역의 소공인들과 예술인들을 지킬 수 있다면 최선을 다해서 지켜야 한다고 믿습니다." 그 업자와는 더 이상 이야기를 진전할 수 없었다. 하나의 논리에는 다른 논리의 배제가 개입하기에 합리적인 의사소통이 불가능할지도 모른다.

겉으로 보이는 세상과 달리 보이지 않는 곳에서 많은 일들이 벌어진다. 내가 편의점을 운영하지 않았다면 알 수 없는 일들이 있듯이, 주민자치회에 소속되지 않았다면 알 수 없는 일들이 수도 없이 많다. 그 모든 것을 모두 다 알 수는 없다. 배제의 논리는 세상 곳곳에 수두룩하게 많이 발생한다. 주민자치와 관련하여 분명한 것은 주민자치의 업무는 정치에 민감하다는 것이다. 어떤 생각을 가지고 있는 시장이 당선되는 가에 따라 주민자치의 업무는 위축되기도 하고, 성장하기도 한다. 지금은 상당히 위축되어 있다. 예산을 편성해 주지 않으니 어쩔 수 없는 노릇이다. 지난해에는 주민대표회의 개최 예산이 1,000만 원이었는데 올해에는 200만 원의 예산이 책정되었다고 한다. 박원순과 오세훈의 차이이다. 우리의 경제규모가 성장함에 따라 정부의 예산규모도 상당할 것이다. 어떤 정부가 자리하느냐에 따라 정부 예산의 지출 방향이 달라진다. 최소한 주민자치와 관련해서는 현 서울시장에 기대할 것이 별로 없을 것 같다. 풀뿌리 민주주의! 말은 좋은데 실제 운영되는 것을 보면 앞으로 갈 길이 아주 멀어 보인다.

생후 50일의 기념사진

오늘따라 아내가 부산을 떤다. 11시에 아이들 만나기로 했는데 왜 빨리 준비하지 않느냐고 다그친다. 오늘은 생후 50일 된 외손자 기념 촬영하러 사진관에 가는 날이다. 외손자 기념 촬영할 때 가족사진도 같이 찍자고 한다. 한 장의 추억을 남기는 것도 의미 있는 일이라 생각하여 나는 아내의 재촉에 순순히 응했다. 사진관에 도착하니 아직 아이들이 오지 않았다. 사진관을 둘러봤다. 스튜디오 벽면은 흰색 페인트가 칠해져 있었으며. 창문은 흰색 레이스 커튼이 드리워져 있었다. 천정에는 옅은 빛이 나는 조명이 여럿 매달려 있었고, 흰색으로 칠해져 있었다. 아마 실내의 조명을 밝게 하려는 의도인 것 같다. 아기용 침대와 그 위에 놓여 있는 곰 인형과 꽃 장식들! 엄마 아빠와 함께 사진을 찍을 수 있는 소파, 병풍이 놓여있어 한복 차림의 사진을 찍는 곳, 바닥에 코끼리 무늬를 한 양탄자도 눈에 띄었다. 사진을 찍기 위한 소품들이 이곳저곳 놓여 있는 스튜디오는 젊은 아기 부모들의 시선을 끌기에 충분해 보였다. 오전의 따뜻한 햇살을 즐기면서 나도 고요한 평화의 보금자리 같은 스튜디오 분위기에 잠시 취해 있었다.

십 분쯤 지난 후에 딸과 사위, 그리고 외손자가 도착했다. 외손자는 아직 잠에서 깨어나지 못하고 계속 잠을 잔다. 사진 촬영하기 위하여 잠자는 아이를 데리고 온 것이다. 사진을 찍기 위해 사진관에 준비된 아기 옷을 갈아입혔다. 외손자는 겨우 잠에서 깨어나 칭얼거린다. 사진 촬영을 시작한다. 사진 기사가 연신 "눈을 떠야지!", "이쪽을 봐야지!"라고 외친다. 사위도 아이 앞에서 재롱을 떤다. "아빠 여기 있다. 아빠 봐야지. 까꿍!" 아기를 깨우기 위해서이다. 하지만 생후 50일 된 아이가 무엇을 알고 사진사의 입맛에 맞는 포즈를 취하겠나? 아기들 사진 찍는 것이 보통 어려운 일이 아니라는 것을 느꼈다. 연신 눌러대는 카메라 샷트 소리와 사진사를 돕기 위한 도우미 아가씨의 목소리, 예쁜 사진을 찍기 위해 아이 앞에서 재롱을 떠는 부모들의 목소리만 시끄러웠다. 조금 전 평화로운 분위기와는 전혀 다른 분위기였다. 어쩌면 외손자는 마른하늘에 홍두깨 맞은 느낌일지도 모른다. 외손자는 아마도 "곤히 잠자고 있는 나를 깨워서 지금 뭐하는 시추에이션인가?"라고 말할지도 모른다.

천신만고 끝에 사진 촬영을 마쳤다. 외손자를 중심으로 우리 가족사진도 함께 찍었다. 나는 사위에게 물었다. "돌 사진은 이야기 들어 봤는데, 생후 50일 사진도 찍냐?" 그랬더니 사위 이야기가 참으로 놀라웠다. 요즘은 산후조리원에서부터 엄마와 아기가 함께하는 사진을 찍는다고 한다. 그래서 산후조리원을 나온 후에도 50일 사진, 100일 사진, 돌 사진까지 함께 찍는다고 한다. 산후조리원과 사진관과의 모종의 커넥션이 있음이 분명하다. 내가 갓난아기 때 찍은 사진은 돌 사진 한 장이 전부인데 요즘 젊은이들은 산후조리원에서부터 아기와 함께하는 사진을 찍어 추억으로 간직하는가 보다. 산모의 60% 이상이 산후조리원을 이용한다고 하니 어쩌면 많은 엄마들이 사진관과 연계되어 생후 50일의 사진을 찍을 것 같다. 그야말로 창조적인 사회이다. 소비가 창조되는 세상은 바로 저런 세상이다. 생후 50일의 기념사진!

자본주의가 발달하려면 소비가 창조되지 않으면 안 된다. 돈이 돌아야 경제가 산다. 그런데 한편으로는 우리 주변에 새롭게 창조된 상품에 우리가 노예가 되어 버리지는 않는지 반문해 본다. TV 쇼핑 채널에서는 쇼호스트가 마치 큰일이라도 난 것처럼 떠든다. "기분이 우울할 때는 돈을 쓰는 것이 최고입니다.", "이제 물건이 얼마 남지 않았어요." 듣고 있는 사람이 괜히 불안해진다. 한편에서는 "다른 아이들도 모두 하고 있어요!"라고 한다. 묘한 경쟁 심리까지도 이용한다. 그렇게 하여 소비자의 마음은 더욱더 불안하다. 광고가 우리의 무의식을 자극하게 만든다. 다른 아이들도 하는데, 그리고 다른 산모들도 하는데 내 아이만 안 할 수 없지 않은가? 꼭 필요해서가 아니다. 필요에 의한 소비가 아니라 이른바 관계 지향적인 소비이다. 남들도 사는데 자신도 그 부류에 소속하고 싶은 욕망이 작용한다. 그렇게 우리의 소비는 길들여지고 있다. 매스커뮤니케이션에 의해 일반화되고 체계화된 현대 소비사회의 특징이기도 하다.

그런 마케팅에 노출되어 있는 평범한 아빠와 엄마에 의해 내 외손자의 아기 용품들은 매우 다양하다. 아기 침대도 두 개다. 거실용 아기 침대와 잠자리용 아기 침대! 그 아기용 침대 위에 걸려있는 아기 모빌! 아기 운동장도 있다. 그냥 조금 넓은 사각형 모양의 매트일 뿐이다. 그 외에 그네, 자동차, 유모차, 카시트, 욕조, 공기청정기, 가습기, 세탁기! 나의 상상을 초월한다. 부모 입장에서 첫아들을 잘 키우기 위한 마음을 모르는 바는 아니다. 그리고 저들이 행복하면 그만이다. 비록 내 눈에는 꼭 필요한 물품이 아닌 것 같지만 그들이 하는 소비에 나는 관여하지는 않는다. 소비라는 것이 원래 그렇다. 어머니의 모성을 자극하여 소비를 부추기는데 어떤 엄마가 그 유혹을 쉽게 뿌리칠 수 있을까? 우리 주변의 수많은 광고에 우리는 알게 모르게 길들여진다. 아기가 한 살 반이 되면 최소 백 개의 브랜드를 기억한다고 한다. 아이들이 2개월 때부터 이미 브랜드에 영향을 받는다는 말도 있다. 그런데 엄마나 아빠가 아기를 위한 광고 마케팅에 결코 자유로울 수 없다.

  어느 신문 기사의 내용이다. 직장인 1,455명을 대상으로 한 설문조사에서 직장인 절반 이상이 자신은 행복하지 않다고 답했다고 한다. 20대는 57%, 50대는 47%가 행복하지 않다고 답을 했다. 행복하지 않다고 느끼는 가장 큰 이유는 경제적으로 어려워서가 51%로 가장 많았다. UN에서 발표한 '2019년 세계행복보고서'에서도 우리나라는 행복지수는 156개국 중 54위였다. 세계 10위권의 경제 규모에 비하면 우리의 행복지수는 매우 낮은 편이다.

  1970년도에 노벨 경제학상을 수상한 폴 새무엘슨은 행복은 소비를 욕망으로 나눈 것이라는 행복지수 공식을 만들었다. 소비가 늘어나도 욕망이 함께 늘어나면 행복지수는 변화가 없다. 물질적인 풍요와 행복한 것은 절대로 비례하지 않는다.

  우리는 분명히 물질적인 풍요 속에서 살아가고 있지만, 반면에 생산자들은 마케팅을 통하여 우리의 욕망을 끊임없이 자극한다. 그 속에서 우리는 갈등한다. 더 많이 소비하기 위해 더 많이 벌어야 한다.

  이웃 간의 간격은 좁지만 소통하지 못하고 서로 경쟁만 하려 한다. 게다가 산업구조의 변화로 일자리는 점차 줄어든다. 자연히 헬조선이란 말이 나옴직 하다. 하지만 사실은 우리 한국의 문제이기보다 자본주의의 속성이 그러하다는 것이 맞을지도 모른다. 헬 조선이기보다 헬 자본이 맞지 않을까 곰곰이 생각해 본다.

  자본의 속성이 끝없이 새로운 소비를 창조하고 또한 새로운 욕망도 창조한다. 욕심 없는 삶이 행복지수를 높이지만, 그것을 행동에 옮긴다는 것이 쉽지만은 않다.

  생후 50일의 기념사진 일지라도 자신들의 생활에 과분하지 않은 촬영이었으면 좋겠다.

술 당기는 날

코로나 확진 판정으로부터 일주일이 지났다. 오늘 자정부터 자가격리가 해제된다. 아내가 확진된 이후로 10일 이상 술을 마시지 않았다. 아마도 간 건강은 좋아졌을 것이 확실하다. 평소에는 1주일에 두, 세 번은 술을 마셨다. 그렇게 마셨던 술을 10일 이상 마시지 않았으니 내 몸이 알코올을 필요로 하는 것 같다. 오늘 아침에 불현듯이 술 생각이 났다. 사실 이틀 전에 큰 처남이 전화가 왔다. "어떻게 지내셔? 난 오늘 해제되었어요!" 큰 처남도 코로나에 확진되었다. 그 가족은 손자가 확진되어 전 가족이 모두 코로나에 감염되었다. 큰 처남은 침을 못 넘어 삼킬 정도로 목이 심하게 아팠다고 한다. 큰 처남은 3차 접종까지 했었다. 2차 접종만 한 나에 비하면 증상이 더 심했다. 사실 나는 기침 증상만 있었고, 가래나 인후통은 거의 없었다. 코로나는 백신의 접종 여부보다는 사람에 따라 증상이 달리 나타나는 것 같았다. 큰 처남은 "이제 모두 코로나로부터 해방되었으니 마음 편하게 만나서 술 한 잔 마시자!"라고 하였다. 환영이라고 대답을 했다. 오늘이 지나면 조만간에 처남으로부터 연락이 올 것이다. 그날이 기다려진다.

코로나 확진 판정 이후 며칠간은 집중이 잘 되지 않아서 책도 읽지 못했다. 하루 종일 집에서 책 보는 것이 일인 나로서는 책을 읽지도 않으면서 하루를 보내는 일이 큰 고통이었다. 처방받은 약 속에 항히스타민제가 있어서 약을 먹고 나면 약간의 졸림이 있었다. 졸리면 자고, 또 잠이 깨면 조금이라도 책상에 앉아 책을 보고, 그것도 지겨워지면 일렉기타를 연주하기도 했다. 나의 일렉기타 연주 수준은 바둑으로 비교하자면 1단 정도이다. 아마추어 중급 수준이다. 5년 전에 일렉기타 개인 연주회 개최를 목표로 열심히 연습한 적이 있었다. 그때에는 개인 교습을 받았었다. 5년이 지난 지금 그때의 기억을 되살려 기타를 잡았으나 그때만큼 손놀림이 자유롭지 못했다. 60 중반의 나이에 새로운 것에 대한 추구는 변함이 없다. 다만 기억력에 한계가 있어서 한 곡을 완주하는 것은 힘이 든다. 그렇게 책과 씨름을 하고, 기타와 씨름을 하다 보니 벌써 일주일이 되었다. 오늘 이후는 해방이다.

안양천 벚꽃 길을 다녀온 아내가 이야기한다. "조금 있으면 여름이 되겠어. 날씨가 너무 좋아. 안양천변 벚꽃도 만개했어." 말로만 듣는 만개한 벚꽃 길이 쉽게 연상이 되지 않았다. 지난해 보았던 벚꽃 길을 연상해 본다. 지난해 벚꽃과 올해의 벚꽃은 다르겠지만 올해의 벚꽃을 달리 상상해 볼 수 없었다. 야외로 나가고 싶은 충동이 더욱 나를 자극했다. 오늘은 어제보다 날씨가 더욱 화창하다. 나의 서재 창 너머로 푸른 하늘을 가로지르며 어디론가 날아가는 비행기 한 대가 보인다. 제주도 가는 비행기일까? 배가 고프면 음식집만 보이는 게 사람이다. 오늘따라 비행기가 자주 눈에 띈다. 그래! 비행기 타고 멀리 떠나지는 못하더라도, 내일은 자전거를 타고 멀리 떠나보자! 코로나 확진된 이후 몸의 살이 확 쪘을 것 같다. 이젠 체중 관리를 겸해서 자전거를 열심히 타야겠다. 가벼운 목표로부터 시작하자. 하루에 25Km를 달리는 것이다. 나의 속도로는 1시간 정도 걸릴 것이다. 기분이 내키면 좀 더 달려도 좋을 것이다. 자유의 즐거움이 이런 것인지도 모른다. 가고 싶으면 가고 돌아서고 싶으면 돌아서면 된다. 그 원인이 나의 내부에 있기에 행복감마저 느낀다.

　이런저런 생각 중에 전화벨 소리가 울린다. 동네 병원에서 전화가 왔다. 코로나 확진 판정 이후 나에게는 매일 두 차례씩 병원에서 전화가 온다. 나의 건강상태를 점검하는 전화이다. 60대가 넘어서 중증 관리 대상이란다. 아무튼 고마웠다. 나의 건강에 관심을 가져다주는 의료인이 옆에 있다는 것이 고마웠다. 단순한 대화만 나눈다. "오늘은 어떠세요?" "어제랑 똑같아요!" "예! 오후에 다시 연락드릴게요. 몸조리 잘하세요" 이 단순한 내용의 전화를 통하여 함께 살아가는 공동체의 중요함을 느껴본다. 만약 우리가 우리 이웃의 아픔에도 이렇게 가깝게 손을 내밀 수 있다면, 우리 사회는 한층 더 밝아질 것 같다. 그런데 그것을 실천에 옮긴다는 것이 쉽지만은 않다. 타인의 아픔을 함께 공감하는 능력이 떨어지는 사람이 예상 외로 많다. 오늘 아침에 페이스북을 보다가 깜짝 놀랐다. 사실은 놀랄 일도 아니다. 예전에 의사협회장이었던 노모 씨란 사람이 조국의 가족을 비아냥거리는 글을 썼다. 물론 자세히 읽지는 않았다. 읽을 가치도 없었다. 그는 의사로서는 훌륭한 사람임이 분명하다. 그런데 왜 그렇게 사는지 모르겠다.

그런 생각을 하는 중에 택배 도착 알림 문자가 도착했다. 확진과 더불어 자가 격리 중에 읽을 책들을 주문했었다. 그런데 그 책들이 격리가 끝나는 오늘에야 도착했다. 책은 모두 4권이다. 랑시에르의 불화, 이미지의 운명, 라클라우와 샹탈 무페의 헤게모니와 사회주의 전략, 그리고 국내 연구진에 의해 쓰인 해방전후사의 인식(4) 이다. 이 책들은 포퓰리즘에 대한 책들을 읽다가 포퓰리즘에 대해서 좀 더 깊이 있게 읽어 보아야 하겠다고 판단하여 주문한 책들이다. 이렇게 사들인 책들이 내 서재에 넘쳐난다. 온종일 책 읽는 것이 나의 일과이기에 대부분 소화해 낸다. 나의 독서는 꼬리에 꼬리를 문다. 푸코, 라캉, 지젝으로부터 시작하여 프랑크푸르트학파의 마르쿠제, 하버마스, 호네트를 거쳐 사이드와 앤서니 기든스로 갔다가

브르디외와 그람시까지 왔다 갔다 한다. 사실은 모두 우리 사회에 대한 다양한 해석을 위한 책들이다. 바람직한 사회가 무엇일까에 대한 궁금증을 해소하기 위해 읽는 책들이다. 젊어서 하지 못한 공부를 60이 넘어서 하는 꼴이다. 젊었을 때는 먹고사는 것이 급하여 공부를 포기했다. 그렇게 해서 강단의 꿈은 포기하고 열심히 살았다. 이제 60을 넘기면서 삶의 여유도 생겼다. 삶의 여유보다는 시간의 여유이다. 더 많이 책을 읽고, 생각하고, 더 많이 이웃을 사랑하면서 살고 싶다. 갑자기 조민 양이 너무 안타까워서 내일은 혼자서라도 술을 마셔야겠다.

아내와 전복요리

이틀 전부터 아내가 목이 아프다고 한다. 미열과 기침도 동반했다. 전행적인 코로나 증상이다. 조금은 걱정스러운 마음으로 아내에게 이야기했다. "난 괜찮지만 손자를 돌보고 있으니 검사를 한번 받아 보시지?" "괜찮아! 감기 증상과 비슷해." 검사를 강요하지는 않았다. 어제는 제주에 사는 누님이 서울을 방문하여 잠시 공항에서 이야기만 나누다가 헤어졌다. 아내도 함께 있었다. 누님은 제주에서 사 온 전복을 나에게 전해주려고 나를 공항까지 불러냈다. 코로나 때문에 제주에서 서울까지 택배가 안 된다고 했다. 집에서 공항까지는 약 30분 거리이다. 공항에서 누님과 짧은 만남을 뒤로하고 귀가했다. 아내는 전복을 먹으면 죽은 소도 벌떡 일어난다고 하면서 전복을 요리해서 먹자고 한다. 난 아내의 요청에 따라 전복을 손질하여 전복 10마리를 쪄서 점심으로 함께 먹었다. 전복이 죽은 소는 벌떡 일으켰는지 모르지만 감기 증상으로 힘들어하는 아내에게는 별 반응이 없었다.

아침에 일찍 일어나서 책을 보고 있는데, 아내가 늦게 일어나서 힘든 표정으로 나에게 묻는다. "코로나 검사하는 동네 병원 검색 좀 해봐!" 심평원 사이트에서 PCR 검사까지 하는 동네 의원 몇 곳을 검색해 봤다. 집에서 가장 가까운 곳을 알려 주었다. 아침 일찍 아내는 검사받으러 갔다. 가족 카톡방에 아내가 코로나 검사받으러 간다고 알렸다. 가족 카톡방은 두 딸과 함께 했다. 둘째 딸은 2월 초에 이미 걸렸다. 첫째 딸은 아직 확진되지 않았다. 아내가 확진되면 첫째 딸 가족이 가장 난감해진다. 딸과 사위는 직장을 다니기에 손자를 돌봐줄 사람이 없기 때문이다. 아내에게 문자가 왔다. 양성이었다. 가족 모두 놀라지는 않았다. 전 국민의 20% 정도가 감염되었으니 우리에게도 올 것이 왔다고 생각했을 뿐이었다. 나와 첫째 딸 가족은 아내가 검사를 받은 동네 의원으로 가서 함께 검사를 받았다. 그런데 참으로 이상했다. 나와 첫째 딸 가족 모두 음성이었다. 이제 당분간 손자를 돌봐줄 사람이 없게 되었다. 개인의원 원장에게 물어보았다. "아내가 양성이고 난 음성이면, 어떻게 생활해야 합니까?" "수동 격리해야죠! 그리고 증상이 있으시면 다시 검사받으세요." 수동 격리가 무엇을 의미하는지는 모르겠지만 "아! 그렇군요."라고 대답하고 의원을 나왔다. 수동 격리를 집에서 검색해 보니 알아서 조심하라는 정도의 의미인 것 같았다. 난 아직 아무런 증상이 없었다.

  점심때 아내가 이야기한다. 목이 아프니 밥 먹기는 싫고 식빵을 사다 달라고 한다. 난 식빵보다는 누님이 전복을 주고 갔으니 전복죽을 끓여주겠다고 했다. 전복죽을 끓이는 방법은 모르지만, 그 정도는 끓일 자신이 있었다. 전복 두 마리를 손질하여 얇게 쓴 다음, 기름에 넣고 볶았다. 그리고 물에 불려 놓은 쌀을 함께 넣어 전복죽을 끓이려고 했다. 그런데 물의 양을 어느 정도 넣어야 할지 몰랐다. 아내의 코치가 필요했다. 전복죽을 끓이는 중간중간 아내에게 확인받고 전복죽을 끓였다. 예상보다 불 앞에 서 있어야 하는 시간이 길었다. 내가 아플 때도 나를 위해서 아내가 죽을 끓여 주었는데, 그때 아내의 심정이 어떠했는지 알 것 같았다. 인고의 시간이 이런 것인지 모르겠다. 아내가 아프니깐 내가 끓인다. 전복과 쌀이 요리 그릇의 바닥에 눌어붙지 않게 계속 나무 숟가락을 저어야 했다. 그러는 사이에 전복죽이 완성되었다. 아내를 위해 죽 한 그릇을 쟁반에 담아 아내의 방에 가져다주었다. "고마워!"라는 아내의 짧은 말 한마디에 행복함을 느꼈다. 난 식탁에서 혼자서 남은 죽을 그릇 채로 먹었다.

  오후가 되었다. 난 집에 있기보다 밖으로 나가는 것이 편하다고 생각했다. 친구에게 전화를 했다. 그 친구는 전 가족이 확진 판정받

앉는데 자신만 음성 판정을 받은 친구였다. 난 속으로 음성 판정을 받은 사람끼리 함께 소주를 한잔하려고 생각했다. 그런데 그 친구의 생각은 달랐다. "난 지금 1개월째 사람을 안 만나고 있어. 처음에는 딸과 손자, 그다음에는 아내, 또 그다음에는 아들이 확진되었는데 나만 계속 음성이 나와. 그런데 의사가 하는 말이 바이러스가 잠복해 있을지도 모르기에 당분간 사람을 만나지 말라고 하더라." 난 그 의사가 친구에게 겁을 준다고 생각했다. "잠복은 무슨 잠복이냐! 괜찮아! 한잔하자!" "아니야. 다음에 만나자." 어쩔 수 없었다. 결국 친구 만나는 것은 포기했다.

다시 책상 앞에 앉아서 다양한 궁리를 해보았다. 나도 당분간 사람을 만나지 않아야 할까? 바이러스에 노출되었지만, 체내에 있는 바이러스가 비활동적일 수도 있을 텐데? 그러면 사람들 만나는 것도 괜찮을 텐데? 나의 친구 생각은 달랐다. 인간은 사실 합리적인 존재이기보다 합리화시키는 존재이다. 또한 인간은 두뇌 사용 에너지를 줄이기 위해서 효율적으로 생각한다. 지름길의 선택이다. 어떤 도식을 가지고 쉽게 쉽게 생각을 한다. 어림법, 근본귀인 오류, 자기본위 편향 모두 지름길을 선택하는 심리현상이다. 그 결과는 인간은 자주 판단 착오에 빠지게 된다. 친구의 판단은 어쩔 수 없는 노릇이다. 친구의 판단 배후에 있는 그 무엇이 무엇인지 나로서는 알 수 없다. 그냥 친구의 판단을 그대로 존중하면 그만이다. 난 가끔 친구들의 생각과 다른 의견을 전할 때가 많다. 그럴 때마다 친구들에게 야단을 맞는다. "좀 따지지 마!" 심지어 "넌 왜 남을 가르치려고 하냐?"라는 말까지 듣는다. 요즘은 가능하면 친구들의 의견에 토를 달지 않는다. 물 흘러가는 데로 사는 것이 삶의 지혜일지도 모른다.

"콜록, 콜록" 아내의 기침 소리가 들린다. 잠을 자고 싶은데 목이 가렵고 기침이 나서 잠을 잘 수 없다고 한다. 친구 만나는 것은 포기한 나로서는 그냥 집에서 평소에 하는 것처럼 독서를 할 수밖에 없었다. 그런데 책 읽기도 지친다. 하루 4시간 이상 책을 읽기가 힘이 든다. 나이 탓인지도 모른다. 사실 내가 주로 읽는 책들은 철학, 사회학, 심리학, 문학 이론과 관련된 책들이다. 60대 중반의 나이에 이런 책들을 읽고 이해하는 것이 쉬운 일은 아니다. 혈압 상승을 유발할 수 있다고 핑계를 대어 보기도 한다. 이것 역시 자신을 합리화시키는 일이다. 이런 글을 쓰는 동안 아내는 잠이 들었다. 집안이 조용해졌다. 나도 양성 판정받았으면 더욱 좋았을 것이라는 생각도 해본다. 오늘 저녁은 아내를 위하여 무슨 반찬을 할까? 전복은 아직도 남아있다. 인터넷에 전복요리를 검색해 봤다. 전복구이가 있다. 오늘 저녁은 전복구이를 하기로 했다. 전복과 마늘만 있으면 된다. 아내에게는 밥반찬으로 전복구이를 만들어 주고, 나는 술안주로 전복구이를 먹으면 좋을 것 같았다. 큰 탈이 없이 아내가 코로나 극복하기를 기원하면서 통마늘 사러 집을 나섰다. 아내를 위한 길이어서 발걸음이 가벼웠다.

어머니의 빈자리

　며칠 전 결혼 33주년을 보냈다. 33년이란 세월 동안 우리 부부는 어머니와 함께 살았다. 결혼기념일 날 "결혼해 줘서 고맙다"고 아내에게 이야기했다. 그 고마움은 어머님을 모시고 살아온 고마움이기도 하다. 그런 어머니가 향연 97세의 연세로 지난달에 세상을 떠났다. 어머님이 사용하셨던 텅 빈 방이 항상 내 눈에 밟힌다. 허허로운 마음이 이런 마음인지도 모르겠다. 어머님의 상실에 깊은 아쉬움을 달래기 위해 어머니의 빈방을 홀로 서성거려 본다. 어머니의 목소리가 들린다. 어머니는 홀로 무료함을 달래기 위해 방에 놓여있는 첫 돌도 지나지 않은 증손자 사진을 보면서 "오늘은 할매 집에 놀러 안 오나"라고 중얼거리셨다. 그 어머니의 외로운 목소리가 내 가슴을 때린다. 어머님의 빈방에 서쪽으로 기우는 겨울 햇빛이 가득하다. 상실의 아픔을 잊기 위해 어머님의 물품들을 모두 처분하였다. 어머님이 간직했던 몇 장의 사진과 어머님의 영정사진만 어머니의 빈자리를 메우고 있다. 어머님의 빈방 창문을 열었다. 갑자기 겨울바람이 매섭게 어머니 방으로 몰아친다. 겨울바람이지만 오히려 따스했다.

　삶과 죽음의 깊고 무거운 간극을 몸소 감당해야 했던 어머님! 그런 어머니의 장례식을 더듬어 본다. 어머님의 영정사진 앞에서 첫 술잔을 올릴 때 이별의 아픔이 이렇게 큰 줄 처음 알았다. 며칠 전까지만 해도 집에서 막걸리 한 잔을 함께 마시며 건배를 외쳤던 어머님이었는데, 이제는 어머니의 목소리를 들을 수 없다니 그 순간 눈물이 왈칵 쏟아졌다. "행복을 위하여 건배!" 이제는 들을 수 없는 어머니의 목소리이다. 어머니의 죽음 앞에서 상실과 단절의 아픔을 크게 느낀다. 입관식 때의 느낌은 놀라움이었다. 임종 직전에 만졌던 어머님의 몸에는 아직 따뜻함이 그대로 남아있었지만, 입관식 때 어머니의 몸은 차디차게 굳어져 있었다. 얼굴은 화장으로 예쁘게 단장하고 있었지만, 차디차게 굳어져 있는 어머니의 팔을 만지는 순간 내 마음도 차디차게 굳어져 가고 있었다. 이렇게 어머니를 보내는구나! 허망한 보냄이었다. 아내의 울음소리가 더욱 크게 들렸다. 이렇게 어머니를 보내드릴 거라면 살아생전에 좀 더 잘했을 걸 하는 회한의 울음이었다. 나도 함께 울었다. 아내는 어머님의 입관식에 참석한 것을 후회한다. 그만큼 아쉬움이 컸다는 의미일 것이다. 발인 때의 분위기는 모든 가족이 함께 이별의 아픔을 나누는 자리였다. 이제야말로 정든 가족들과 헤어지는 시간이었다. 어머니의 영정사진 앞에서 또 한 번 통곡을 했다. 하지만 이제는 "편안하게 보내드려야지"라는 마음도 함께 생겼다.

어머니의 장지 결정은 막내딸의 생각이 결정적이었다. 할머니와 각별한 정을 나눈 막내딸이 할머니 보고 싶을 때 자주 가서 할머니 볼 수 있는 곳으로 모시자고 해서 딸의 의견대로 서울 근처 추모공원으로 어머니를 모시기로 결정했다. 어머니를 추모공원으로 모시기 전에 영구차는 우리 집과 어머니가 자주 다니시던 노인정을 거쳐 벽제에 있는 서울시립화장터로 이동했다. 그곳에서 어머님의 시신을 화장했다. 20여 개의 화장시설을 갖추고 있는 대형 화장시설임에도 온종일 화장실을 가동한다고 한다. 그만큼 수요가 많다는 의미일 것이다. 드디어 어머니의 차례가 되었다. 이미 장례식장에서 충분히 눈물을 흘렸는데도 아직도 눈물이 남아있었다. 입관한 채로 화장실을 들어간 후 한 시간 남짓한 시간이 지나고 나서 어머님은 한 줌의 재가 되어 나왔다. 한 줌의 재에 불과한 삶이다. 삶의 허망함이 이런 것인지도 모른다. 한 줌의 재일지라도 온갖 정성으로 포장하여 어머님의 유골함에 모셔서 추모공원으로 향했다. 추모공원에서는 성모마리아가 지키는 가톨릭 방으로 어머니의 유골함을 모셨다. 우리의 눈높이와 같은 최고의 위치로 모셨다. 5층 단독 주택을 마련하였다.

요즘 가끔 한강 변을 따라서 자전거를 탄다. 성산대교에서 방화대교 방향으로 가면서 한강의 흐름을 보았다. 한강은 흐른다. 그것도 서해를 향해 흐른다. 하지만 서해 쪽에서 한강으로 바람이 불어오면 한강은 바람이 부는 방향으로 물결이 출렁인다. 자전거를 타고 가면 한강은 거꾸로 흐르는 것처럼 보인다. 나의 착각일 뿐이다. 한강은 항상 서해를 향해 흐른다. 그것이 한강의 운명이다. 한강의 물줄기가 언제 서해에 도착하는가? 그건 상황에 따라 다르다. 일찍 도착할 수도 있고, 늦게 도착할 수도 있다. 우리의 인생도 그렇지 않을까? 인간의 죽음은 필연적이다. 누구에게나 닥치는 운명이다. 다만 그 죽음이 언제 나에게 닥치는가는 상황에 따라 다를 뿐이다. 죽음은 우리 주변에 산재해있다. 죽음은 있는 그대로 받아들여야 한다. 어머니의 연세는 올해 97세이다. 어머니는 어머니의 삶을 살고 이 세상을 떠나셨다. 하지만 "조금 더 늦게 보내드릴 수 있었는데"라는 진한 아쉬움은 많이 남는다. 지난 일에 대한 후회의 감정은 불완전한 인간의 특징인지도 모른다. 주변에서는 하나 같이 나의 아내를 칭찬한다. 30년 넘게 시어머니를 모셨으니 대단하다고 한다. 그럴지도 모른다. 하지만 나나 나의 집사람은 나름대로 최선을 다했지만 완벽하지는 않았다고 생각했다. 그래서 그렇게 어머니를 보내면서 눈물을 많이 흘렸나 보다. 아직도 종종 나와 집사람은 어머니를 생각하면서 함께 눈물을 흘린다. '불효자는 웁니다'라는 노랫말이 생각이 난다.

이건 뭐냐?

오늘 아침 서울 하늘은 무척 푸르렀다. 서울 하늘의 푸르름은 내가 거주하는 아파트에서 아득히 먼 곳에 있는 이름 모를 산의 윤곽으로 판단한다. 맑은 날은 산의 윤관이 분명히 보이는데. 맑지 않은 날은 희뿌연 대기 속으로 산이 사라진다. 오늘은 유난히 산의 윤곽이 뚜렷하게 보인다. 그만큼 미세먼지가 없고, 대기가 맑다는 증거이다. 그래서 하늘이 더욱 푸르게 보인다. 나에게 저 먼 곳에 있는 산의 이름은 중요하지 않다. 산의 이름을 굳이 알 필요가 없다. 산의 이름을 안다고 해서 날씨의 맑음이 더욱 선명하게 판단되어 지는 것은 아니기 때문이다. 이름보다는 사물의 존재 자체가 더욱 중요하다. 내가 가끔 다니는 안양천 변의 꽃들도 마찬가지이다. 자전거를 타고 지나치는 안양천변의 꽃들은 나를 반긴다. 빨간색, 노란

색, 보라색, 흰색 꽃들이 봄바람에 넘실거린다. 꽃들 사이로 나비들도 날아다닌다. 꽃에 대한 지식이 없는 나는 그 꽃들의 이름을 모른다. 그래도 그 꽃들의 존재는 나에게 깊은 의미를 전달해 준다. 아름다움과 생명, 조화, 유혹 등이다.

김춘수의 시가 생각났다. '내가 그의 이름을 불러주기 전에는 그는 다만 몸짓에 지나지 않았다.' 시인은 내가 그의 이름을 불러주었을 때 그는 나에게로 다가와서 꽃이 되었다고 노래하고 있다. 사실은 내가 불러주지 않았어도 꽃은 꽃이었다. 내가 불러 주어서 꽃이 된 것은 아니다. 시의 도입 부분에서는 자기중심적인 시인의 태도를 엿볼 수 있다. 하지만 시의 마지막 부분에서 시인은 서로에게 '잊혀지지 않는 하나의 눈짓'이 되고 싶다고 노래한다. 서로에게 의미 있는 존재가 되고 싶다는 말이다. 꽃은 타인이 꽃이라고 불러 주어서 꽃이 된 것은 아니다. 이미 꽃으로 존재하고 있다. 자신의 시선을 넘어서 타인의 응시를 마주할 때 하나의 의미가 생긴다. 자기중심적인 시선에서 우리로 시선이 옮겨졌다. 그것은 바로 상호인정이다. 우리는 수많은 대상들과 마주치면서 살아간다. 자연과 인간 모두가 우리의 대상들이다. 자연은 우리에게 말을 건넨다. 다만 둔감한 사람들은 자연이 보내는 목소리를 듣지 못할 뿐이다. 사람들도 마찬가지이다. 수많은 사람들과 우리는 교류한다. 경우에 따라서는 타인이 나에게 특별한 눈짓을 보내는 경우도 있다. 그것을 재빨리 파악하지 못하면, 그는 나에게 아무런 의미가 없는 존재가 되어 버린다. 서로가 서로를 인정할 때 하나의 의미 있는 눈짓이 된다. 이름이 중요한 것은 아니다.

아내의 책상 위에 '쇄미록'이란 제목의 책이 한 권 놓여 있었다. 쇄미? 나로서는 처음 보는 단어였다. 내가 국어사전도 아니고 모든 단어를 알 수는 없기에 궁금증이 생겼다. 아내에게 물었다. "이건 뭐냐?" 아내는 아무런 반응이 없었다. 30년 이상을 함께 산 아내이기에 나의 질문에 약간의 문제가 있다는 것을 순간적으로 알아차렸다. 다시 질문을 했다. "쇄미? 처음 보는 단어인데 무슨 내용의 책이지?" 그제야 아내가 대답을 한다. 임진왜란 때 어떤 양반이 쓴 일기라고 한다. 아내의 설명을 듣고 나니 훌륭한 책인 것 같았다. 역사학자들에게는 많은 도움을 줄 것 같은 좋은 내용의 책이라는 언급도 했다. 그리고 나의 첫 번째 질문에 대한 아내의 태도도 물어보았다. 역시 나의 짐작대로였다. 나의 질문을 순수하게 받아들여지지 않았다고 한다. "이 따위 책을 보느냐!"라는 빈정대는 말투로 들렸다고 한다. 나의 의도가 완전히 잘못 전달되었던 것이다. 나의 말투에 문제가 있음을 짐작하였다. 경상도 말투가 원래 그렇다고 평계 아닌 평계를 둘러댔다.

사실 경상도 사람들의 어투가 거칠기는 하다. 아내도 경상도 사람이기에 "이건 뭐냐?"라는 나의 투박한 어투에 악의가 없다는 것을 알고 있었지만, 기분이 그리 좋지는 않았다고 한다. 이런 경우에는 선입견도 한몫을 한다. "또 저 잘 난 체 하는구나!" 아내는 나에게 그런 선입견을 가지고 있을지도 모른다. 이런 순간에는 눈치가 필요했다. 아내의 찜찜한 태도를 미리 읽고 정중한 톤으로 다시 질문을 했기에 아내와는 원만한 소통이 이루어졌다.

만약 내가 모르는 타인과의 대화였다면, 그리고 타인의 반응에 세심한 신경을 쓰지 않는 상대와의 대화였다면, 나의 투박한 어투는 숱한 오해를 불러일으켰을 것이다. 말하는 사람의 표정과 몸짓, 그리고 말의 강약 등을 세밀히 살피면서 대화를 나눈다면, 합리적인 의사소통이 쉬울 수도 있다. 하지만 인간은 매 순간마다 그렇게 신중하게 대응하지 않는다. 대충 생각한다. 결국 오해가 발생하고, 주장만 난무하고, 합리적인 의사소통이 불가능한 상태에 도달하게 된다. 말이 중요한 것이 아니라 말이 전달하고자 하는 의미가 소중하지만 말에 지나치게 얽매는 경우도 많다.

자연이 보내는 신호나 인간이 보내는 신호를 모두 정확히 파악해야 함에도 불구하고 우리는 그것들을 정확하게 파악하지 못한다. 자연이나 인간이 보내는 신호가 완벽하지 않아서 그렇기도 하지만, 우리가 둔감해서일지도 모르고, 무심해서일지도 모르고, 자아도취에 빠져있어서 그럴지도 모르고, 타인을 존중하지 않아서 그럴지도 모른다. 나는 완벽하지는 않지만 타인이 보내는 손짓을 정확히 파악하려고 노력은 한다. 한편으로 내가 타인에게 보내는 손짓에도 무례하지 않은지 반성도 자주 한다. 쉽지만은 않다.

　아침에 비해서 회색 빛 구름이 푸른 하늘을 뒤덮고 있다. 그 사이로 한 대의 비행기가 지나간다. 눈에 보이지는 않지만 하늘에는 비행기가 다니는 길이 있음이 분명하다. 하늘만 쳐다보면 항상 똑 같은 방향으로 비행기가 다닌다. 이름은 알 수 없지만, 우리가 볼 수 없고, 냄새도 맡을 수 없고, 들을 수도 없는 수많은 것들이 우리와 함께 한다. 그들의 이름은 모르지만 분명히 존재하다. 그런 존재들을 인정하고 나면 자연은 참으로 신비하기조차 하다. 내가 모르는 무수히 많은 사람들 중에서도 서로에게 의미 있는 눈짓이 된다는 것 역시 신비한 일이다. 그 수많은 사람들 중에 어떻게 우린 서로에게 눈짓이 되었을까? 우연을 가장한 필연의 만남일까? 이성의 간지인가? 아무튼 서로를 인정하기 위한 아름다운 투쟁은 중요한 것 같다. "이건 뭐냐?" 행간을 잘 살펴보면 단순한 질문에 불과하다. 길가의 이름 모를 꽃들노 여전히 아름답다. 이름은 중요하지 않다. 이름 모를 먼 산의 윤곽은 아직도 그대로이다. 서울의 공기가 오늘은 맑고, 깨끗하다. 짙은 회색 빛 구름 사이로 보이는 서울 하늘이 오늘은 유난히도 푸르게 보인다.

자연과 함께 하는 힐링의 공간

　노추산! 공자가 태어난 노나라와 맹자가 태어난 추나라를 합하여 이름을 지었다고 한다. 그렇다고 그곳에서 위대한 학자가 태어나리라는 보장은 없다. 하지만 그곳은 명예의 기가 충만하다고 한다. 강릉이 외갓집인 율곡도 노추산에서 공부를 했다고 하니 노추산보다는 율곡산이 적합할지도 모른다. 노추산의 옆에는 발왕산도 있다. 왕이 탄생할 곳이라는 의미를 지닌 이름이다. 인간의 소망을 담은 상징에 불과한 이름들이다. 어제는 30여 명의 고등학교 친구들과 함께 노추산 자락에 있는 모정의 탑과 안반데기를 거쳐 발왕산 정상을 다녀왔다. 안반데기는 일정 상 버스로 지나쳤고, 발왕산 정상은 케이블카를 이용하여 올라갔다가 잠시 주변 경관을 둘러보는 것으로 마무리 지었다. 하지만 노추산 자락에 있는 모정의 탑은 발왕산과 노추산 사이를 휘감고 도는 송천이라는 지천을 감상하면서, 노추산 계곡의 정기를 듬뿍 얻을 수 있는 행운과 함께 어머님의 희생정신을 생각해 볼 수 있는 치유의 여행이었다.

며칠 전 쏟아진 비로 송천의 물줄기는 힘이 느껴졌다. 평소에도 송천의 물줄기가 진흙탕 빛인지는 모르지만 지금의 송천은 진흙탕 빛을 한 탁류였고 물의 양도 많았다. 그만큼 물살의 흐름도 빨랐고 거칠었다. 송천의 물줄기가 골지천과 함께 만나는 곳이 아우라지이다. 아우라지는 두 갈래의 물길이 모이는 곳이라고 한다. 그 강물들이 흘러서 한강을 이룬다. 송천은 한강의 젖줄인 셈이다. 송천을 옆에 두고 걷는 도중에 편평한 넓은 바위 위에서 아주머니 세 명이 돗자리를 펴놓고 담소를 나누고 있는 모습이 눈에 띄었다. 어림잡아 10명은 앉아서 담소를 나눌 수 있는 넓은 바위였다. 우리의 선조들은 저곳에서 송천을 바라보면서 시조 한 수를 읊었을 것 같은 명당자리로 보였다. 지금은 아주머니 세 명이 그곳을 선점을 하고 있으니 우리로서는 어쩔 수 없이 그냥 지나칠 수밖에 없었다. 다음에는 저곳에 앉아서 송천의 흐름을 보고, 송천의 소리를 듣고, 송천을 몸으로 느껴보기로 마음먹었다. 비 온 뒤가 좋을지도 모르겠다.

그렇게 송천을 옆에 두고 길을 걷다 보니 조그마한 숲길이 등장하였다. 숲의 진입로에는 크고 작은 돌탑들이 도열해서 우리를 환영하고 있었다. 이곳이 모정의 탑인 것을 한눈에 알 수 있었다. 돌탑에 얽힌 사연은 실제로 일어났던 일이었다. 이 탑을 쌓은 주인공은 차옥순 어머니였다. 그녀는 스물네 살 때 서울에서 강릉으로 시집와서 자식 네 명을 낳고 살다가 자식 둘을 먼저 보내고, 남편마저 정신이상에 걸려 먼저 보냈다고 한다. 그러는 중에 어느 날 꿈속에서 산신령이 나타나서 삼천 개의 돌탑을 세우면 집안의 우환이 없어지고 좋은 일만 생길 것이라고 예언했다고 한다. 그 후로 그녀는 이곳 노추산 계곡에서 움막을 짓고 생활하면서 그녀가 죽을 때까지 26년간 홀로 탑을 쌓으며 지냈다. 2011년 68세가 되는 해에 그녀는 이 세상을 떠났다. 전설의 고향에나 나옴직한 이야기이지만 10년 전까지 진행되었던 이야기였다. 혼자의 힘으로 삼천 개의 돌탑을 쌓았다니 과연 그럴 수 있을까? 어머님의 힘은 참으로 대단한 것 같다. 자신이 거처했던 움막에서 1Km에 남짓한 길을 내려오면서 돌탑들이 쌓았다. 그녀가 죽지 않았다면 지금도 그 돌탑들은 쌓여지고 있을지도 모른다.

이번 여행에는 그 지역이 고향인 모 대학의 산림치유학과 교수가 함께 했다. 그 교수는 차옥순 어머니와 직접 만나서 이야기도 나누었다고 한다. 친구 한 명이 물어보았다. "그 자식들은 잘 살고 있습니까?" 교수의 대답은 그렇게 명쾌하지 않았다. 어머니의 장례식장에 참석한 자식들의 겉모습만 보았다는 말로 답변을 대신하였다. 사실 인간의 신념을 실천에 옮긴다는 것이 중요하지, 그 결과는 그리 중요하지 않을지도 모른다. 어머니의 희생에 걸맞은 산신령의 응답이 있었는가? 또한 어머니가 노추산 계곡에서 움막을 짓고 돌탑을 쌓는 동안 그 자식들은 어떻게 생활을 했을까? 다양한 의문은 있었지만, 자식을 위해 자신의 신념에 따라 삼천 개의 돌탑을 쌓았다는 사실이 놀라웠을 뿐이다. 모정의 탑은 어머님의 희생정신을 상징하는 것이었다.

 노추산 모정의 탑을 둘러보면서 즐길 수 있는 또 다른 즐거움이 바로 노추산의 숲과 계곡물이다. 숲이 스스로 생존하기 위해 내뿜은 피톤치드는 항균력을 가진다고 한다. 하지만 피톤치드는 우리 몸속에서는 면역력과 심폐기능을 강화하는 역할을 한다. 노추산 모정의 탑 주변은 숲으로 둘러싸여 있다. 숲속에서의 여유로운 산책은 피톤치드를 마음껏 마시면서 도심에서 쌓인 스트레스를 한 순간에 날려버릴 수 있는 치유의 시간이었다. 숲 속의 푸른 나뭇잎 사이로 비치는 햇살로 나뭇잎들은 눈부시게 반짝인다. 나뭇잎들의 반짝임이 춤을 춘다. 눈이 호강을 한다. 게다가 노추산 계곡물 또한 치유를 위한 공간으로 적격이었다. 계곡의 물은 청백색이다. 송천의 흙탕물과는 비교할 수 없을 만큼 맑았다. 청백색의 물은 계곡 바닥을 훤히 드러내 보였다. 시원할 것 같았다. 호기심이 발동했다. 맨발로 물속에서 몇 분을 견딜 수 있을까? 양말을 벗고 계곡물에 발을 담갔다. 처음 느낌은 시원했다. 10초쯤 지났을까? 복사뼈 사이의 혈관이 서서히 죄이는 느낌이 온다. 통증을 느꼈다. 몇 분은커녕 20초를 견디다가 물 밖으로 나왔다.

이곳 계곡물도 며칠 전의 비 때문에 물의 양이 불어났을 것이다. 계곡을 흐르는 물에 힘이 느껴졌다. 바위에 부딪치는 물줄기가 흰 거품을 만들어낸다. 저런 곳에 음이온이 많다고 한다. 물이 만들어내는 음이온을 몸으로 받아내면 건강에 좋다고 한다. 그래서 옛날의 도사들은 폭포수 곁에서 도를 닦았을 것이다. 나는 계곡 가까이 내려가서 좀 더 많은 음이온을 몸으로 받아보고 싶었다. 계곡 가까이 내려갔다. 계곡의 물소리는 물의 행진곡이다. 바위에 부서지는 흰 거품을 물끄러미 바라보았다. 그 순간 바위에 부딪치는 물줄기들이 분수처럼 튀어 오르는 모습을 보았다. 분수의 물줄기는 나뭇잎 사이로 쏟아지는 햇빛을 받아 더없이 반짝거린다. 규모면에서는 작은 분수에 불과했지만, 내 마음속에서는 알람브라궁전의 분수보다 더 아름다웠다. 그 모습들을 내 가슴에 품었다. 이것이 힐링이었다.

친구들과 함께 한 여행은 자연에 대한 사랑을 느끼게 만들었다. 우리 여행에 함께한 교수의 이야기가 기억에 남는다. "병을 치유하려고 숲을 찾으려는 사람들은 실패를 하고 돌아간다. 하지만 자연과 함께하려고 숲을 찾는 사람들은 성공을 한다." 자연을 수단으로 삼으려는 사람은 결국 실패한다는 말과 유사하다. "자연은 목적 없는 합목적성을 갖는다"라는 칸트의 말이 생각났다. 자연은 스스로 그러하다. 그런 자연과 함께 한다는 것이 바로 힐링이다. 노자는 일찍이 그러한 자연 속에 치유의 힘이 있는 것을 깨우쳐서 물아일여를 이야기했을지도 모른다. 자연과 함께하면서 자연을 품에 안을 수 있는 여행이 곧 힐링의 여행이다. 왕산면 대기리! 이름도 거창하다. 왕이 태어날 곳에 큰 궁궐을 지을 넓은 땅이 필요하다는 의미에서 지은 이름이다. 왕산면 대기리에 위치한 노추산 자락의 모정의 탑은 자연과 함께 할 수 있고, 어머니의 희생정신을 생각해 보게 하는 힐링의 공간으로 적격이었다.

코로나 시대의 막내딸 결혼식

　5인 이상 집합 금지를 어긴 가족 모임도 단속의 대상이 되는 사회이다. 코로나 방역으로 인하여 사회 곳곳에서 일상생활의 불편함이 이만저만이 아니다. 물론 결혼식장은 5인 이상 집합 금지의 대상이 아니다. 하지만 결혼식 업체에서는 행정당국의 지침을 지키기 위해 안간힘을 쓴다. 오늘 치른 막내딸 결혼식도 처음 계획했던 결혼식이 아니었다. 처음 계획과는 완전히 다른 결혼식이 되었다. 거리두기 2.0단계에서 거리두기 2.5단계로 상향 조정되었기 때문이다.

　우선 결혼식 하객을 제한해야 했었다. 하객 없는 결혼식! 딸의 입장에서는 더 많은 친구 앞에서 멋있는 결혼식을 치르고 싶었는데, 친구들 모두를 초청하지 못한 아쉬움이 제일 컸었을 것이다. 결혼식장에서 인원 제한을 한다. 식장에는 50명만 입장 가능하다고 한다. 축가 부르는 친구 포함해서 50명 입장이 가능하기에, 결국은 신랑, 신부 측 친척들 약 20명 정도만 입장이 가능했다. 그나마 다행인 것은 결혼식장 문을 오픈해 주어서 먼발치에서라도 결혼식을 구경할 수 있었다는 점이었다. 2m 거리두기를 실천한 좌석 배치! 딸의 손을 잡고 식장에 입장했을 때 본 결혼식장의 모습은 황량하기조차 했다.

코로나 시대의 결혼식은 참석인원을 예상해야 했다. 친척들의 참석은 어느 정도 예측할 수 있었다. 하지만 친구들의 참석 여부는 예측할 수 없었다. 참석인원을 어느 정도 예측해야 축하객들에게 식권을 나눠줄 수 있기 때문에 가슴을 졸이며 축하객을 맞이하였다. 뷔페식당이었다면 아무런 문제가 발생하지 않는다. 하지만 거리두기 2.5단계이기에 뷔페식당이 불가능하고 코스 요리로 바꾸어야 한다고 한나. 그것도 방마다 50명의 인원만 입장 가능하다고 한다. 준비한 방은 4개였다. 200장의 식권을 준비했다. 신부 측은 100장이다. 정확한 참석인원을 예측하려면 친구들에게 참석 여부를 물어보아야 하지만 현실적으로 불가능하다. 추측할 뿐이다. 내가 추측한 나의 친구들은 25명으로 예상했다. 그것도 친구들 그룹을 나누어 식권을 나눠 주어야 했다. 2시 예식이 시작되는데 1시 50분경 식권이 모두 바닥이 났다. 등에서 진땀이 흘렀다. 다행히 내가 결혼식장 밖에서 축하객을 맞이할 때까지는 더 이상 나의 축하객들이 도착하지 않았다. 코로나 시대의 막내딸 결혼식은 그러한 긴장의 연속이었다.

　결혼식 축사는 딸의 부탁으로 내가 했다. 준비해 간 원고를 보면서 읽었을 때는 축사가 순조로웠다. 그러다가 축사하는 도중에 딸과 눈이 마주쳤다. 막내딸의 얼굴을 쳐다보는 순간 눈물이 왈칵 쏟아지려고 했다. 목이 메어왔다. 그 순간 나의 목소리는 떨리고 있었다. 잠시 침묵을 했다. 다시 마음을 가다듬고 준비해 간 축사를 읽어 내려갔다. 마지막으로 "행복하게 잘 살아라!"라고 말하고 싶었는데, 차마 그 말을 할 수가 없었다. 막내딸의 눈가에도 눈물이 맺혀 있는 것을 보았기 때문이다. 그래도 떨리는 목소리로 준비해 간 모든 축사를 마칠 수 있었다. 막내딸의 행복한 결혼식에 아빠가 눈물을 보일 수가 없어서 눈물을 참으면서 축사의 뒷마무리는 끝을 맺었다. 하객들의 박수소리가 단상에서 내려오는 나의 발걸음을 가볍게 했다.

　결혼식을 끝내고 축하 사진을 찍는 순간이었다. 신부의 축하객들만 줄잡아 50명은 되어 보였다. 어디서 그 많은 막내딸의 친구들이 몰려나왔는지 깜짝 놀랐다. 만약 결혼식장 참석 인원수를 제한하지 않았다면 훌륭한 결혼식이 되었을 것 같은 진한 아쉬움이 밀려왔다. 그래도 아쉬움은 뒤로 하고 무사히 결혼식을 마칠 수 있어서 다행이라고 생각했다. 예식을 끝마치고 준비된 피로연장으로 이동했다. "삼촌! 저 늦게 와서 식권이 없는데요?" 이런! 조카 한 명이 결혼식장에 늦게 도착하여 식권이 없었다. 얼른 내 식권을 주었다. 그리고는 피로연장에 혼주인 내가 입장하려니 결혼식장 직원이 나에게 식권 제시를 요구했다. "혼주인데 꼭 식권이 있어야 하느냐?" 다행히 직원은 눈감아 주었다.

 우여곡절 끝에 결혼식은 무사히 마쳤다. 예전 같았으면 친척들이 모두 모여 우리 집에서 술을 한잔했었을 것이다. 거리두기 2.5단계라서 모두 예식을 끝내고 뿔뿔이 흩어졌다. 아내와 나는 어머니와 막내딸이 함께 살았던 집으로 돌아왔다. 어머님은 지난해 10월 세상을 하직하셨다. 할머니의 사랑을 무척 많이 받았던 막내딸은 결혼 하루 전인 어제 할머니를 모신 추모공원에 갔다 왔다고 했다. 눈물이 났었다. 하지만 내색은 하지 않았다. 그런 막내딸의 결혼식이었다. 이제 쓸쓸해진 빈집에 아내와 단둘이 있다. 친구들 이야기가 귓가에 맴돈다. "이제 모두 졸업을 했구나! 축하한다." 그런가 보다. 이제 모두 졸업했으니 새 출발을 해야 한다. 막내딸의 결혼식이 나와 아내에겐 새 출발이다. 코로나 시대의 새 출발이라 발길이 무겁기만 하다.

팔당대교를 다녀오다!

바늘도둑이 소도둑 된다는 것이 이런 것일까? 얼마 전에 영등포의 내 집에서 자전거로 천호대교를 찍고 오고, 백운 호수와 청계사를 찍고 왔다. 모두 70km 전후의 거리다. 70km! 뭔가 조금 아쉬워서 오늘은 100km를 달리고 싶었다. 그래서 선택한 곳이 팔당대교였다. 오목교에서 팔당대교까지 대충 50km는 되리라 예상하고 집을 나섰다. 나의 준비물은 물 한 통, 동네 김밥 집에서 산 김밥 한 줄이 모두였다. 안양천변 자전거 도로에 도착하였다. 이제 달려보는 거다. 오늘은 100km에 도전하기에 속도를 내지 않기로 마음먹었다. 초반에 무리하면 돌아오는 길이 힘든 것을 알기 때문이었다. 오목교 다리 아래서 힘차게 페달을 밟기 시작했다. 안양천 변의 자전거 길 옆에는 코스모스가 만발하였고, 갈대도 바람에 몸을 맡겨

넘실넘실 춤을 추고 있었다. 마치 나의 장도를 축하하기 위해 길가에 도열하여 나에게 환호를 보내는 것 같았다. 기분 좋은 출발이다. 반포대교를 지나 한강대교까지 가는 길에는 백일홍도 피어있다. 꽃들이 나의 장도를 미리 알고 이렇게 마중 나왔구나? 터무니없는 생각이지만 나 홀로 자전거 여행이라 이렇게라도 생각하지 않으면 지겨울 것 같았다.

그런 잡생각을 하면서 자전거 페달을 밟다 보니 어느덧 올림픽 경기장과 롯데타워가 보인다. 그곳을 지날 때 한강에 수상스키를 즐기는 사람들도 보였다. 제법 잘 탄다. 보트에 그냥 이끌려 가는 것이 아니라 지그재그로 수상스키를 탄다. 보는 눈이 즐겁다. 올림픽공원 나들목을 지날 때 보니 한강 선착장에 모터보트와 요트들도 보였다. '역시 강남이구나!'라는 생각을 했다. 영등포 근처의 선착장에서는 볼 수 없는 광경이었다. 그런 생각을 하며 달리다 보니 어느새 천호대교가 눈앞에 보인다. 자전거는 한 시간 조금 넘게 탔다. 천천히 달린다고 생각했지만 평균 시속 23km 정도 달리고 있었다. 천호대교에서 쉬었다가 갈까? 왠지 모르게 그냥 계속 가고 싶었다. 팔당대교에서 나의 애인이 기다리고 있는 것도 아닌데, 쉬고 싶지 않았다. 그냥 빨리 가서 상상 속의 애인을 만나고 싶었다.

여기서부터는 초행길이다. 초행길이라도 자전거도로는 모두 비슷하다고 생각했다. 나의 큰 착각이었다. 암사대교를 지나자 언덕

길이 눈앞에 펼쳐진다. 대충 봐도 경사가 가파르고, 언덕길도 길어 보인다. 지금까지 1시간 30분 정도 쉬지 않고 자전거를 탔는데, 저 언덕을 올라갈 수 있을까? 그래도 내 체면에 자전거를 끌고 갈 수는 없었다. 기어 변속을 하고 내 눈앞의 땅만 보고 페달을 밟았다. 먼 곳을 보면 내 마음이 좌절할까 봐 눈앞의 도로만 보고 달렸다. 오르막길에서 페달을 밟은 지가 한참이 되었는데도 아직도 언덕 꼭대기에 도달하지 않았다. 여기서 포기할 수 없었다. 계속해서 페달을 밟았다. 고개를 들어서 앞을 보았다. 아직도 50m는 남아 보였다. 이빨을 꽉 깨물었다. 그렇게 언덕 꼭대기에 도착했다. 고생한 노력에 대한 대가는 짜릿했었다. 내리막길에서는 시속 40km의 속도가 나온다. 짜릿은 했지만, 이 길을 다시 올라가야 한다고 생각을 하니 그리 기분이 좋지만은 않았다.

이제 두 시간 가까이 자전거를 탔다. 다음 강동대교에서 쉴까 했는데, 이정표를 보니 팔당대교까지 얼마 남지 않아 보였다. 그래서 또다시 페달을 밟았다. 사실 엉덩이도 아프고, 허리도 아프고, 손목도 아팠다. 기다리는 사람도 없는데, 쉬지도 않고 왜 그렇게 달려야 하는지 모르겠다. 다행히 강동대교에서 하남 기점까지는 자전거도로 옆에 큰 나무들이 서 있어서 시원한 그늘을 만들어 주었다. 자전거 타기에는 최적의 환경이었다. 옆에 보이는 한강과 강 중앙의 섬들이 조화롭게 보였고, 강변 둔치의 숲들도 평온함을 느끼게 만든다. 그런 아름다운 자연을 감상하다 보니 팔당대교가 눈앞에 보인다. 드디어 팔당대교에 도착했다. 오목교에서 팔당대교까지 거리는 48km였고, 시간은 2시간 10분 걸렸다.

팔당대교 아래 벤치에서 준비해 간 김밥 한 줄을 먹었다. 김밥에 꿀을 발라 놓은 듯했다. 이렇게 맛있는 김밥은 처음 먹어보았다. 허기가 평범한 김밥 한 줄을 꿀맛으로 만들었나 보다. 다시 힘이 난다. 아무도 기다리지 않는 팔당대교 아래서 맛있는 김밥 한 줄을 먹고 이제 돌아갈 준비를 한다. 김밥이 애인이었나? 그래서 김밥이 더욱 맛있는가? 이 김밥을 먹으려고 쉬지 않고 두 시간 이상 달렸을까? 그럴지도 모른다. 팔당대교 아래서 이런저런 생각을 했다. 자연과 함께한다는 것이 그 무엇보다도 좋았다. 팔당대교 아래 가을바람은 더없이 신선했다.

돌아갈 때는 내가 좋아하는 음악을 들으며 느긋하게 귀가하려고 생각했다. 50Km 가까운 길을 또다시 자전거를 타고 돌아가야 한다고 생각하니 막막하기도 하였다. 그래도 집으로 가야 했다. 난 수영으로 단련된 몸이라고 자기 최면을 걸었다. 그런 생각을 하면서, 그리고 주변의 자연을 감상하면서 천천히 귀갓길 페달을 밟았다. 큰 사고도 목격했다. 내가 힘들게 올라왔던 그 고갯길 내리막길에서 자전거 한 대가 전복되었다. 다친 사람은 60대쯤 나이의 사람으로 보였다. 119 구급차가 와서 머리에 붕대를 감고 있었다. 경각심을 불러일으켰다. 집으로 가는 길에는 속도를 내지 않기로 했다. 사실은 속도를 내고 싶어도 피곤해서 속도를 낼 수가 없었다. 여의도를 지날 즈음에는 배가 고팠다. 물 한 통도 모두 마셔서 물도 없었다. 편의점에서 물 한 통을 샀다. 물맛도 꿀맛이었다. 점점 더 허리도 아프고, 엉덩이도 아팠다. 손목도 아팠지만 참고 페달을 밟았다. 큰 경험을 했다. 하루 만에, 그것도 중간에 충분한 휴식 없이, 달랑 김밥 한 줄 먹고 100km를 달리는 것은 조금 무리인 것 같았다. 집에 도착하니 4시쯤 되었다. 오전 10시에 출발하여 김밥 한 줄 먹고 100km를 완주했다. 좋은 추억거리 하나 또 만들었다.

풀뿌리 민주주의

 노년의 한가로움은 축복이다. 마음이 가는 대로 뭐든지 할 수 있다. 물론 몸보다 마음이 앞서는 경우가 없는 것은 아니다. 빨리 달리고 싶지만, 몸이 따라주지 않는 경우가 허다하다. 그럴 때는 느림이 오히려 아름답다고 스스로 위안한다. 노년은 그래서 더욱 여유롭다. 올해 초의 일이었다. 귀가 중에 우연히 엘리베이터에 붙어 있는 '주민자치위원 모집'이라는 공고문을 봤다. 주민자치? 뭔지는 모르지만 재미있을 것 같았다. 시간적인 여유도 있고, 주민들을 위하여 자발적인 봉사를 하는 것도 괜찮은 일이라고 생각했다. 내가 사는 동네에서 50명의 위원을 선정한다고 한다. 위원이 되기 위한 특별한 조건은 없다. 학위가 필요한 것도 아니다. 지역 주민이면 된다. 신청 양식을 보니 자기소개서를 적는 곳도 있었다. 늦은 나이에 공문서로 자기를 소개한다는 것이 조금 어색하기는 했지만 주저하지 않았다. 며칠이 지나자 위원으로 선정되었다고 동사무소에서 연락이 왔다. 주민자치위원! 뭘 하는 걸까? 호기심과 함께 낯선 설렘도 있었다.

위원이 되기 위해서는 주민자치와 관련된 교육을 이수해야 했다. 인터넷 동영상 강의였다. 6시간의 교육을 이수했다. 지금은 모두 잊어버렸지만, 주민자치란 풀뿌리 민주주의의 실행인 것으로 기억한다. 어학사전에 풀뿌리 민주주의의 정의를 검색해 봤다. '풀뿌리 민주주의는 국민의 의사를 직접적으로 반영하고 국민 개개인에게 골고루 영향을 미치는 대중적인 민주주의이다'라고 되어 있다. 바람직한 민주주의라고 생각한다. 주민자치회의 조례에도 풀뿌리라는 단어가 언급되어 있다. 주민자치회의 목적은 풀뿌리 자치 활성화와 민주적 참여의식 고양을 위한 것이다. 아무튼 내가 막연하게 생각했던 것과 크게 다르지는 않았다. 나는 문화체육분과에 소속되어 일을 한다. 명색이 분과위원장이 되었다. 우리 분과의 첫 번째 임무는 문래동 예술인의 거리를 활성화하는 일이었다. 지난해에 적은 금액이지만 약간의 예산도 확보했었다. 올해는 그 예산을 집행해야 한다.

며칠 전에는 문래동에 있는 예술인 협동조합 이사장을 면담했다. 이사장이라는 사람은 젊은 여성으로 동양미술을 전공했고, 대학에

강의도 나가면서, 지금은 공연 및 전시회 기획의 업무를 하고 있다고 한다. 문래동에 있는 슐슐센터의 책임자이기도 하다. 슐슐센터는 미술과 기술과의 융복합 문화공간이라고 한다. 조그마한 공장들이 즐비한 문래동 거리에 5층짜리 예쁜 건물로 자리하고 있다. 그런 공간이 있다는 것도 처음 알게 되었다. 그런데 더욱 놀라운 것은 그 공간은 모두 주민들을 위한 공간이라고 한다. 주민들이 인터넷으로 신청만 하면 그 공간을 무료로 사용할 수 있다고 한다. 컴퓨터, 프린트기, 빔 프로젝트, 스크린 모두 갖추고 있었다. 갑자기 궁금증이 생겼다. 이렇게 예쁜 건물을 짓는 것도 투자가 필요할 것이고, 관리비 또한 경제적인 부담일 텐데 어떻게 무료로 주민들에게 개방할까? 이 센터는 어떻게 운영될까? 이사장의 이야기로는 영등포 구청의 지원을 받는 영등포 문화재단이란 단체가 있다고 한다. 그곳에서 이곳 센터를 운영한다고 한다. 결국 우리가 낸 세금 일부가 그렇게 사용되는 모양이었다. 우리가 낸 세금이 이렇게 유용하게 쓰이기도 하다니 놀라울 따름이었다.

이사장과의 면담은 주민자치회에서 '문래동 창작촌'이라고도 불리는 이 거리를 활성화시키기 위해 작은 행사를 하려고 하는데 예술인들을 참여시킬 방법에 대한 논의였다. 이사장은 적극적인 호응을 해 주기로 하였다. 문래동에는 300여 명의 예술인들이 활동을 하고 있다고 한다. 나에게는 그런 모든 이야기가 낯설었다. 금시초문이었다. 내가 관심이 부족한 건지, 서로 소통을 하려는 노력이 부족해서인지 모르겠다. 하지만 이사장과 많은 이야기를 나누면서 많은 것을 알게 되었다. 초기에는 빈 공장 자리에 싼 값으로 예술인들 하나 둘 모여 활동하였는데, 그것이 점차 소문이 퍼지면서 더 많은 예술인들이 모여들게 되었다고 한다. 자연스럽게 집값이 오르게 되고, 집주인은 좋아할지 몰라도 그곳을 이용하려는 예술인들에게는 부담스러운 일이었다. 또한 젊은이들이 많이 모여들게 되니 음식점들이 점차 증가하게 되고, 지금은 초창기와는 완전히 다른 거리의 문화가 생겼다고 한다.

옛날 내가 살던 시골 동네에서는 이웃들과 쉽게 소통을 하면서 살았다. 그래서 이웃들과 모두 잘 알고 지냈다. 하지만 현대는 그렇게 지내지 못한다. 도시의 규모가 커지기도 했지만 점차 개인화되고, 스스로 고립화되어 가는 삶의 형태가 현대라는 시대적 특징일지도 모른다. 독재적인 성향을 가진 위정자는 개인의 파편화를 기대한다. 파편화된 개인들을 다루기가 훨씬 쉽기 때문이다. 현대 사회의 병폐가 그곳에 있다. 대중들을 분산시킨다. 소통의 부재가 그들에게는 오히려 득이 된다. 더욱이 언론마저 자신들의 편이기에 개인의 파편화는 그들이 원하는 바일 것이다. 수동적인 인간으로 개인을 조작한다. 능동적인 개인이 모여서 민중이라는 하나의 이름으로 대항하면 독재적인 형태의 권력일수록 대응하기가 난감할 것이다. 그래서 그들은 풀뿌리 민주주의를 싫어한다. 우연히 인터넷을 검색하다 보니 주민자치는 공산화로 가는 길이라는 글도 있었다. 그들은 자기들끼리 잘 먹고 잘 살기를 원한다. 부자는 부자의 몫을 가져야 하고, 가난한 사람들은 그만큼의 몫을 가져야 한다고 주장한다. 그들에게는 아직도 주인과 노예의 구분이 있다고 믿는다. 자신들의 그룹에 속하지 않는 사람들은 노예에 불과하다. "개, 돼지로 보느냐?"라는 말이 있다. 실제로 그들은 자기들과 다른 부류의 사람들을 그렇게 보고 있는지도 모른다. 슬픈 현실이다. 아직도 우리의 민주주의는 갈 길이 멀다. 자유와 평등의 조화가 그렇게 어려운 일인가?

2

호랑이가 물러나자 늑대가 나타났다

30년 된 소파

온고지신! 옛것을 익히고 그것을 통하여 새것을 알아야 한다는 공자님 말씀이다. 옛사람들의 삶의 지혜가 오늘날에도 여전히 유효하다. 로마도 하루아침에 이루어지지 않았다. 그 말의 의미 역시 역사의 과정을 살펴보는 것이 중요하다는 의미일 것이다. 그래서 나는 역사책을 읽는 것을 좋아한다. 그렇다고 골동품을 좋아하는 것은 아니다. 나의 문제는 옛것을 좋아하기는 하나 옛것을 쉽게 버리지 못하는 데 있다.

어느 누구는 '팔 년 된 조끼'라는 제목의 수필을 썼다. 아래는 그 수필의 한 대목이다.

"돈이 들면 몇 푼이나 들우. 제발 이 겨울에는 하나 해 입읍시다." 하고 조르는 아내의 심정을 넉넉히 짐작할 수 있다. 나의 인색함을 질책하는. 아니 구태여 새 옷을 입고 싶은 흥미를 잃어버린 요즈음의 내 마음을 알 길 없어하는 아내의 탄식에 무엇이라 변명하였으면 좋을까!

속으로는 웃었다. 겨우 팔 년이야? 내 옷장엔 수십 년 된 옷들이 가득하다. 다니던 회사가 제약회사 영업직이라 항상 깨끗한 양복을 입고 다녀야 했다. 그래서 그때 입었던 양복이 아직도 내 옷장에 여러 벌 있다. 요즈음은 양복 입을 기회가 없어서 그냥 옷장에 처박혀 있다. 내 옷 중에는 30대에 입었던 옷도 있다. 버려야 하는데 버리지 못하는 것이 나의 병이다. 버려야 새 옷을 살 텐데 굳이 그러고 싶지 않다. 내가 인색해서도 아니고, 새 옷에 대한 흥미가 없어서도 아니다. 새 옷을 사야 할 필요성을 느끼지 못하고 그냥 익숙한 것이 좋을 뿐이다. 아내와 함께 가끔 쇼핑센터에 가면 아내가 조른다. "제발 옷 좀 사서 입으세요!" 내 말은 한결같다. "얼굴이 받쳐주는데 새 옷이 왜 필요하냐! 난 괜찮아요."

며칠 전 이웃에 사는 딸의 집에 놀러 갔다. 소파를 새롭게 구입했다고 자랑을 한다. 앉아보니 편하기는 했다. 무슨 스위치를 누르니 내가 앉은자리가 뒤로 젖혀지고 소파 아랫부분에서 발 받침대가 스르르 미끄러져 나와서 침대가 된다. 아내가 옆에서 이야기한다.

"우리도 이런 소파 하나 삽시다." 속으로는 "그럴까?" 하다가 참았다. 엉뚱한 이야기를 했다.

"우리 집 소파는 아직 쓸 만한데 새 소파를 왜 사야 하나?"
"몇 년 됐는지 아세요?"
"글쎄! 한 20년 되었나?"
"30년이 다 되어가요!"

하긴 딸아이가 6살 즈음 서울에 이사 왔고, 그때 장만한 소파였으니 30년 정도는 되어 갈 것 같았다. 난 그 소파가 아직 쓸 만하다고 생각했다. 하지만 30여 년 동안 아내는 소파의 가죽이 낡아서 천으로 교체했고, 그 천이 낡아서 또 여러 번 천갈이를 했다고 한다. 그 말을 듣고 보니 이제는 소파 하나 정도는 교체해도 될 것 같았다.

하지만 딸에게 엉뚱한 이야기를 하면서 말꼬리를 다른 곳으로 돌렸다.

"너희들 얼마 전에 아기 50일 기념사진을 찍었지? 그게 모두 소비사회에 물들어서 그런 거야. 100일 사진이면 몰라도 50일 사진이 뭐냐?" 딸의 답변이 놀라웠다. "요즘은 산후조리원에 가면 그런 것 모두 다 해!" 50일 기념사진은 일종의 미끼 상품이었다. 소비를 창조하는 사회가 놀라울 따름이었다. 저런 소비 추세에 따르지 않으면 뒤처진 사람으로 취급될지도 모르니, 요즘 젊은이들은 50일 기념사진을 모두 찍은 모양이었다. 젊은이들의 삶이 피곤할 것 같았다. 온 사회가 저렇게 소비를 조장하니 돈을 더욱 많이 벌어야 하

2. 호랑이가 물러나자 늑대가 나타났다

고, 결국 소비의 노예로 전락해 버리기 때문이다. 나는 딸에게 행복지수를 이야기했다. "행복은 소비를 많이 하는 것에 있는 것이 아니라 욕망을 줄이는데 있는 것이야." 딸의 반응은 없었다.

사실 현대 사회를 대중 소비사회라고 하기는 한다. 자본주의 사회가 만들어 놓은 부정적인 의미로 사용되는 말이다. 자본이 자본을 더 많이 벌어들이기 위해서는 자본이 만들어 놓은 물건을 소비하게 만들어야 하고, 그러한 소비를 위해서는 대중 광고를 동원해야 하고, 그렇게 해서 새로운 욕망이 창조된다. 나의 욕망조차 타인의 욕망이 되어버린 사회이다. 그런 소비를 조장하는 타인의 욕망을 충족시키려니 중산층의 삶은 점차 힘들어질 수밖에 없는 것이다.

"행복지수는 분모가 욕망, 분자가 돈이야. 그러니 돈 많이 번다고 행복해지는 것이 아니라 욕망을 줄여야 해요."

옆에서 듣고 있던 아내가 한 소리 한다.

"그만하세요. 그래서 당신은 30년 된 소파를 버리지 못하고, 30년 된 옷을 아직도 입고 다니시는 거예요?"

난 웃고 말았다. 속으로는 "새로 나온 책은 열심히 사서 읽는다오."라고 했다.

나 같은 사람들만 모여 산다면 옷 가게나 가구점은 망했을 것이다. 대신에 출판사는 발전했을 것이다.

요즘 젊은이들은 참으로 어렵게 사는 것 같다. 얼마 전에는 노스페이스 열풍이 불어서 무슨 교통사고를 위장한 보험사기극이 발생했다는 뉴스를 본 일이 있었다. 가난하지만 친구들과 어울려야 하고, 그러기 위해서는 교통위반을 하는 외제 차와 고의로 부딪혀서 보험금을 타내려는 사기극을 벌였다고 한다. 새로운 것에 대한 열풍! 기업은 또래 의식을 자극하여 소비를 부추긴다. 젊은이들은 그 부류에서 떨어지지 않으려고 소비를 한다. 그래야지 경제가 살아나는 것은 맞다. 기업의 부는 그렇게 커져만 가지만, 그 속에서 개인은 매몰되어 간다. 나는 타인의 욕망에 현혹되지 않고 진정한 나를 찾고자 노력한다. 그러다가 힘이 빠지면 항복할는지 아직은 잘 모르겠다.

30년 된 소파는 이제 바꾸어 볼까라는 생각도 했다. 며칠 후에 딸에게 문자가 왔다. "아빠! 내 선물이야. 소파 하나 아빠 집에 배달될 거야." 딸의 선물? 비쌀 텐데? 그냥 받아도 될까? 온갖 생각이 내 머리를 어지럽힌다. 그렇게 30년 된 소파는 교체되었다. 딸에게 답장을 했다. "뭐 이런 것을 선물하나? 비쌀 텐데? 아무튼 고맙다." "아빠가 우리 집 소파가 좋다고 해서 선물로 사 주는 거야." 한참이 지난 후에 아내는 이야기한다. "저 소파 내가 산 거야! 당신이 하도 새것을 사지 않아서 딸이 선물해 주는 것으로 거짓으로 이야기한 거야!" 아내는 나의 속마음을 너무도 잘 안다. 30년 된 소파는 딸의 선물이 아니라 아내와 딸이 꾸민 모종의 계략이었다. 아름다운 계략이다. 새로 산 소파에서 나는 작은 행복을 느낀다.

개혁의 어려움

난 6년 전에 서울에 거주하는 고등학교 친구들 모임에 총무를 맡게 되었다. 모든 모임이 그렇듯이 총무가 많은 일을 한다. 그 당시 친구들 모임은 20명 정도가 모였는데, 새로운 회장과 내가 동기회를 맡고부터 60여 명의 친구들이 모였다. 2년이 임기였지만, 나는 2년을 더해서 4년간 친구들 모임을 위해 최선을 다했다. 내가 총무로 일하면서 전국 동기회 모임도 주선했고, 고등학교 졸업 40주년 기념 모교 방문 행사, 전국 동문 골프대회 등 큰 행사도 주관했다. 동기들의 카톡방에 정치적인 글들을 올리지 않도록 당부를 했던 것도 내가 한 일 중의 하나였다. 친구들 모임이 특정 정치 집단의 선전장이 되어서는 안 된다고 판단해서였다. 비록 친구들의 대부분은 특정 정치집단의 주장을 옹호하는 분위기였으나, 그러한 행위는 친구들의 화합에 부정적인 역할을 할 수도 있다는 나의 주장에 반대하는 친구는 없었다. 그런데 나의 임기가 끝나고 다른 친구가 동기회를 이끌면서 친구들 카톡방에 경상도 특유의 정치색을 담은 글들이 자주 올라온다. 나는 반응하지 않는다. 어찌하겠는가? 나의 역할은 끝났는데!

5년 전에는 조그마한 문학단체에 우연히 가입하게 되었다. 처음에는 낯선 곳이어서 그냥 관망만 했다. 조그마한 놀이터로 생각했다. 그런데 내 나이가 그 문학단체에서는 비교적 젊은 나이여서 서울지회 사무국장이라는 조그마한 직책을 맡게 되었다. 우연하게도 회장은 나의 고향 김천과 이웃한 도시인 상주가 고향인 분이었다. 나이도 나보다 서너 살 위였다. 고향이 비슷해서인지는 몰라도 그분과는 가끔씩 소주도 한 잔 걸쳐가면서 맡은 바 역할을 충실히 수행했다. 그러다가 점차 많은 문우들과 여러 이야기를 나누다가 이 문학단체의 불합리한 운영에 대해 조금씩 알게 되었다. 변화의 총대는 내가 메었다. 회장에게도 변화의 필요성을 설명드렸다. 회장도 동의하였다. 내가 변화를 주도한 가장 핵심적인 부분은 문학단체의 정관을 바꾸는 일이었다. 십 년 전에 만든 정관이었기에 현실에 맞지 않는 부분이 많았다. 가장 큰 문제는 발행인 중심으로 문학단체가 운영되고 있다는 점이었다. 잡지사의 발행인이 문학단체를 만들었다. 그러니 그분의 입장에서는 잡지사를 중심으로 문학단체가 움직여야 한다고 생각했을 것이다. 나는 그것을 바꾸려고 시도

했다. 잡지사와 문학단체가 수레의 두 바퀴처럼 움직여야 한다고 생각했다. 어쩌면 왕정 사회에서 시민사회로의 변화를 모색한 꼴이었다.

그런데 반대의 움직임이 있었다. 기존의 생각을 버리지 못하고 변화를 두려워하는 사람들이 있었다. 나는 이 문학단체의 발전적인 도약을 위해서 반대 의견들을 극복해야 했다. 회장의 생각은 나와 달랐다. 그는 굳이 자신이 그 변화의 중심에 서기를 싫어했다. 발행인뿐만 아니라 모두가 응원하는 분위기에서는 변혁의 중심에 설 수 있지만, 굳이 반대하는 세력이 있음에도 불구하고 변화를 주도하기는 싫은 것이다. 나는 그분의 입장을 충분히 이해했다. 나이 차이로는 불과 몇 년 선배에 불과하지만, 나의 위치는 회장의 뜻을 받들어야 했었다. 그래서 나는 회장의 뜻이 그러하다면 그동안 변화를 주도했던 모든 활동을 중단하겠다고 하였다. "회장님에 대한 나쁜 감정은 없습니다. 서로의 생각이 다르다는 차이를 알았을 뿐입니다." 결국 정관을 바꾸는 일은 포기를 했다. 그러한 소동이 있었던 후에 그 문학단체는 다소의 소요는 있었지만, 지금도 여전히 잘 운영되고 있다.

변화는 참으로 어려운 것 같다. 내 나이 이제 60대 중반이지만, 나보다 나이가 많은 선배들은 굳이 변화해서 좋을 것이 뭐냐고 반문을 자주 한다. 좋은 것이 좋다는 것이다. 나는 그분들의 생각을 존중한다. 그분들에게 프랑크푸르트학파가 주장하는 이성의 비판적 기능과 실천의 중요성을 이야기해 봐야 먹히지 않는다는 것을 잘 알고 있다. 철학의 '철' 자만 꺼내도 경기를 일으키는 사람들 일지도 모른다. 골치 아픈 이야기는 듣고 싶지 않다는 태도이다. "이렇게 좋은 세상! 뭐라고 그렇게 머리 아프게 사냐?" 술 마시면서 선배 문인들이 가끔 하는 말이다.

나는 내가 왜 글을 쓰는지에 답을 구하려고 시도한다. 나의 글쓰기는 문학적인 감수성을 발휘하여 현실의 부정적인 모습들을 드러내면서, 또한 문학적 상상력을 발휘하여 새로운 비전을 제시하는 것이다. 놀이터라고 생각한 이 단체가 마음에 들지 않으면 떠나면 그만이다. 하지만 우리가 이 사회를 떠날 수는 없다. 칸트의 말이 기억에 남는다. "계몽이란 미성숙 상태에서 해방되는 것이다. 그 원인이 오성의 결핍이 아니라 오성을 사용할 결단력과 용기의 부족이라면 그 상태의 책임은 전적으로 자신에게 있다. 스스로 사고하기를 주저하지 마라! 자신 있게 자신의 고유한 오성을 사용하라! 이것이 계몽의 표현이다." 그러한 계몽이 문제가 없는 것은 아니다. 이성의 힘을 믿었지만, 역사는 두 번에 걸친 세계대전을 치렀고, 이성에 대한 믿음이 깨어진 지금, 이성에 대한 반성이 현대 철학의 주류로 자리 잡게 되었다.

나는 또 다른 변화를 위하여 여전히 책을 읽고, 현실을 반성하고,

또한 미래를 위한 나름대로 미래상을 그려 본다. 결국 나의 글은 현실에 대한 새로운 해석을 위한 작업이다. 나의 작업이 만만치 않은 작업인 것은 잘 알고 있다. 나의 사회적 영향력이라고 하는 것은 조족지혈에 불과하다는 것도 잘 알고 있다. 하지만 나는 힘이 닿는 데로 변화를 위한 길을 걷고자 한다. 남는 것은 상처뿐이다. 발전을 위한 변화는 계란의 껍질을 깨는 아픔을 감수해야 한다. 우물 안의 개구리는 행복할지는 몰라도 발전이 없는 것은 분명하다. 지난달에 둘째 손녀가 탄생했다. 출산의 고통은 있었지만, 새 생명의 탄생에 둘째 딸은 즐거워했다. 새 생명의 탄생은 무한한 가능성을 실현하는 첫걸음이다. 개혁을 출산의 고통 뒤에 오는 행복감에 비교할 수 있을지도 모르겠다. 개혁은 고통이 따른다.

공동체 몰락의 징조

나는 실내체육시설을 운영하고 있다. 최근에 코로나로 인하여 시설 운영이 적자이다. 빚을 내서 시설을 운영하고 있다고 하는 편이 적합하다. 그래도 버텨야 한다. 아직은 감당할 수 있는 빚이기에 불안하지는 않다. 그런데 엉뚱한 사건이 내 마음을 혼란스럽게 만든다. 인간들이 왜 그럴까? 그것이 현대인의 특성이라면 현대는 심한 병을 앓고 있음이 분명하다. 사건의 내막은 이렇다. 여성 탈의실에서 발생한 사건이다. 사실은 사건 같지도 않은 우연한 일에 불과했다. 고객들이 서로 옷을 갈아입다가 한 사람의 주머니에서 휴대폰이 떨어졌다. 하필 휴대폰이 그 밑에 앉아서 무엇을 하고 있던 사람 머리 위로 떨어졌다. 10층 높이에서 떨어진 휴대폰도 아니고 겨우 1m도 안 되는 높이에서 떨어진 휴대폰이었다. 불의의 습격을 당한 여성의 입장에서는 기분이 몹시 불쾌했을 것이다. 또한 본의 아니게 실수로 휴대폰을 떨어트린 여성도 당황했을 것이다. 하지만 그 정도의 사건이라면 서로가 서로의 입장을 이해할 수 있을 텐데 그렇지 못했다.

머리에 휴대폰을 맞은 여성이 병원 응급실로 가야겠다고 말을 했다. 1m도 안 되는 높이에서 떨어진 휴대폰을 머리에 맞아서 피부나 두개골에 손상이 간 것도 아니다. 당연히 출혈도 없었다. 그런데도 그 고객은 머리가 어지럽다고 하면서 병원 응급실을 방문했다. 그것까지는 이해가 갔다. 더 황당한 일은 그다음에 발생했다. 그 병원에는 CT가 없어서 좀 더 큰 병원에서 CT를 찍어야 하겠다고 한다. 그러면서 휴대폰을 떨어트린 여성에게 병원비를 달라고 한 모양이다. 휴대폰을 실수로 떨어트렸다고 몇십만 원의 병원비를 달라고 하니 그 손님 입장에서도 황당하기 짝이 없었을 것이다. 그런데 불똥이 나에게까지 번졌다. 그 손님은 실내체육시설 내에서 벌어진 일이니, 센터에서 해결하라고 한다. 세상이 어떻게 돌아가는지 모르겠다. 1m도 안 되는 높이에서 떨어진 휴대폰에 머리를 맞아서 CT를 찍겠다는 사람도 이해하기 어렵고, 자신의 실수로 떨어트린 휴대폰으로 발생한 일인데 그것을 센터에 책임을 돌리는 사람도 이해하기 어렵다. 그들 상호 간에는 합리적인 의사소통이 불가능했었다. 서로를 이해하려는 마음 자체가 없기에 대화가 필요 없었는지도 모른다. 그렇다고 내가 그 사람들의 다툼에 말려들 이유도 없었다. 직원에게 이야기했다. "보험회사에 문의해 보고, 보험회사의 결정에 따라 대응하세요."

우리 주변에 이런 황당한 일들이 많이 발생하는 것 같다. 센터에서 발생한 일을 간호사인 딸에게 이야기했다. 딸의 이야기 또한 뜻밖이었다. 병원에서도 그와 유사한 일들이 가끔씩 발생한다고 한다. 딸이 전해준 이야기이다. 병원 복도에서 자신의 실수로 넘어진 사람이 있었다. 처음에는 자신의 실수였기에 아무런 일이 발생하지 않았다. 그런데 가족 중 어떤 사람의 사주를 받아서인지는 몰라도 며칠 후 병원에 불만을 호소했다고 한다. 병원 시설에 문제점이 있고, 그래서 자신이 다쳤으니 정형외과의 진료를 받아야 하겠다고 했다. 대학병원이기에 정형외과에 의뢰하여 곧바로 진료받게 했다. 정형외과 교수가 환자에게 "한쪽 다리를 들어보세요!"라고 했다. 환자는 다리를 들었다. 그다음에 교수는 환자에게 한 말이 압권이었다. "그냥 가세요!" 환자가 당황해서 다시 물었다. "X-ray라도 찍어야 하는 것 아닌가요?" 교수의 이야기는 단호했었다. "아무런 이상이 없으니 그냥 가세요. 제가 진료방해죄로 환자분을 고소할까요?" 환자는 두말없이 진료실을 나갔다고 했다.

자신에게는 한없이 관대하고, 어떻게 해서라도 타인의 죄를 물어서 자신의 이익을 챙기려는 사람들이 점차 늘어나는 것 같다. 그런 행동은 비난받아 마땅함에도 그것을 당연하게 받아들인다. 사건도 아닌 것을 사건으로 만들어 이득을 챙기려는 사람들, 소위 사건 브로커라는 인물이 등장해서 그럴까? 만약 그렇다면 사회는 점차 나쁜 쪽으로 세분되어 간다. 언론에 자주 등장하는 정치인들의 부도덕한 처신 역시 사회 전체에 악영향을 미친다. 정치권의 내로남불이야말로 압권이다. 새로운 정권이 들어서면서 인사청문회가 개최되었다. 그런데 시작도 안 했는데 파행이 거듭되는 것 같다. 그런 정치권을 바라보는 시선은 둘로 나누어져 있다. 비난하기도 하고, 무시하기도 한다. 정치권은 내로남불의 극치를 보여준다. 정의가 사라진 사회이다. 세상이 그렇게 돌아가니 우리의 일상에서도 내로남불, 아니면 자신의 이익을 위해서 타인은 수단으로 전락하여버린 사회가 되어버렸다.

약육강식의 사회인가? 무한 경쟁사회가 낳은 슬픈 결과인가? 상황이 그렇다고 해도 법이라도 공평하면 다행이다. 이소노미아란 말이 있다. "법 앞에 누구나 평등하다"라는 말로 옮겨지는데, 그 말의 의미는 법은 평등을 대표해야 한다는 말이다. 우리의 법은 그렇지 않다. 평등을 대표하기는커녕 부자들을 대표한다. 우리 사회의 법은 강자들을 위한 법이다. 기득권들에게 있어서 평등은 개나 돼지들의 웅성임에 불과하다. 만인을 위한 만인의 투쟁인 사회에서 리바이던이 탄생한다. 리바이던은 구약성서 욥기에 나오는 괴물의 이름에서 유래되었다. 인간의 집합이면서 인간의 힘을 월등히 뛰어넘는 괴물, 즉 국가를 풍자적으로 표현하고 있다. 그 괴물은 무한한 힘을 가지고 있지만, 죽을 수 있는 괴물에 불과하다. 괴물과 같은 국가 공권력이 발휘되는 사회는 공동체의 붕괴를 가져올 가능성이 농후하다. 만인에 대한 만인의 투쟁 상태에서 등장하는 리바이던의 등장은 피하고 싶지만, 우리 일부 국민들의 정신상태를 보면 쉽게 피하지도 못할 것 같은 불안한 생각이 든다. 소통이 단절되고, 자신의 권리만 난무하는 우리 사회의 슬픈 자화상이다.

공장 사람들

친구가 자주 다니는 당구장이 있다. 그는 그곳을 아지트라고 부른다. 일요일 오후 당구 게임을 즐기기 위하여 친구에게 전화했다. "어디냐? 오늘도 아지트에 가냐?" "응! 벌써 아지트에 나와 있어! 너도 와라!" 난 얼른 세수하고 걸어서 10분 거리인 친구의 아지트로 향했다. 나는 주말에 한 번씩 그곳을 방문한다. 그래서 그곳을 찾는 사람들을 많이 알고 있다. 친구는 벌써 다른 사람과 게임을 하고 있었다. 내가 도착하자마자 하던 게임을 중단하고, 4명이 2대 2로 편을 먹는 복식 게임을 하자고 한다. 모두 나보다 당구를 잘 친다. 나로서는 고수들과 어울리는 것이 황송할 따름이었다. 그렇게 당구 게임을 즐겼다. 주로 내기를 한다. 큰돈을 걸고 내기를 하는 것이 아니라 저녁내기이다. 우리가 이겼다. 그런데 함께 게임을 즐기던 사람 중 한 명이 다른 약속이 있다고 해서 저녁내기는 무산되었다. 난 혼자 집으로 가려고 했다. 그런데 친구가 나에게 조용히 이야기한다. 지금 공장에서 너도 아는 사람들이 술판을 벌이고 있는데 함께 가자고 한다.

그곳 당구장 주변에는 조그마한 공장들이 많다. 수백 개는 될 것이다. 그 지역을 개발하겠다는 이야기를 들은 지가 수십 년은 넘었지만, 지금까지 개발은 이루어지지 않았다. 좁은 골목길 옆으로 조그마한 공장들이 다닥다닥 붙어 있다. 10평 조금 넘어 보이는 공장들이다. 종업원 없이 사장 혼자 공장을 운영하는 곳도 많다. 폐업한 공장들도 있다. 다행인 것은 폐업한 공장을 개조하여 젊은이들이 예술을 하는 공간으로 이용하기도 하고, 카페를 만들어 운영하기도 한다. 이른바 문래동 창작촌이다. 아무튼 친구를 따라 어느 조그마한 공장으로 들어갔다. 벌써 여섯 명 정도가 조그마한 테이블에 둘러앉아 술판을 벌이고 있었다. 모두 그곳 작은 공장의 사장이면서 당구장에 자주 오는 사람들이었다. 우리가 들어서자마자 "형님! 어서 오세요!"라며 반갑게 인사한다. 친구는 그 사람들과 자주 어울리기에 그 자리가 어색하지 않았겠지만, 난 사실 조금은 어색했다. 그래도 내색하지 않고 그 사람들과 함께 술을 마셨다.

벽에는 20여 가지의 기계 공구들이 걸려 있었다. 내가 이름을 아는 것은 쇠톱, 망치, 펜치 정도이다. 주변에는 이름도 모르는 묵직하게 보이는 시커먼 기계들이 놓여 있었다. 쇠를 연마한 흔적들도 보였다. 술상이 차려진 테이블은 플라스틱 원탁 테이블이었다. 의자 역시 포장마차에서 쉽게 볼 수 있는 플라스틱 의자였다. 공장 사람들은 그곳에 둘러앉아 술판을 자주 벌이는 것 같았다. 술안주는 푸짐했다. 굴과 새우, 방어 회, 우럭 회, 말린 코다리. "이 많은 안주들을 어떻게 장만했나요?"라고 물었다. "오늘 여기 사람들과 바다낚시 갔다가 잡은 것도 있고, 그곳 시장에서 사 온 겁니다."라고 한다. 어떤 사람은 형님 모시려고 특별히 준비했다고 능청을 떨기도 한다. 개중의 한 명이 "형님이 오셨으니 제가 귀한 것을 드리겠습니다."하고 봉지에 담은 새조개를 안주로 내놓았다. 아마도 집에 가져가려고 챙겨 놓았던 것을 내놓은 것 같았다. 새조개! 이름도 생소했다. 그런데 그것을 날것으로 먹으라고 권한다. 바이러스가 걱정은 되었지만 성의를 무시할 수 없었다. 날것을 그냥 먹었다. 비릿한 냄새가 났다. 특별한 맛은 느끼지 못했다. 그래도 준비한 사람의 성의를 생각해서 맛있다고 하니 한 마리 더 먹으라고 한다. 그 역시 거절할 수 없어서 또 먹었다. 무식해서 용감한 것이 아니라 배려 때문에 용감해졌다. 순간 "사람 사는 세상이 이런 것 아닌가?"라는 생각이 들었다. 그들은 서로 소통하면서 어울리고, '형! 동생!'하면서 살아간다. 가끔 말다툼도 하지만 다시 만나면 또 '형! 동생!'하면서 지낸다고 한다. 정이 넘치는 사람들이다.

어제의 기억을 되살리면서 아파트 창밖을 내다보았다. 시멘트로

지어진 20층이 넘는 아파트에 수많은 창문이 보인다. 그 속에 사는 사람들은 서로 소통하면서 살까? 아파트에서의 삶과 공장 사람들의 삶은 하늘과 땅만큼이나 차이가 난다. 나는 내 옆집에 누가 사는지도 모른다. 가끔 엘리베이터를 함께 타는 경우 서로 가볍게 인사 정도는 한다. 문득 반상회가 생각났다. 반상회라도 하면 이웃에 누가 사는지는 알 수 있을 텐데 하는 아쉬운 생각이 들었다. 아파트 관리실에 전화해보았다. "요즘 반상회 같은 것 하나요?" 관리실 직원이 하는 말이 뜻밖이었다. "내가 이곳에서 근무한 지가 10년이 지났는데, 반상회란 말은 처음 들어봅니다." 나는 이미 구세대의 사람이 되어 버렸다. 10여 년 전에는 아파트에서도 반상회를 했다. 반상회가 이웃과 함께 할 수 있는 상호 소통의 장이기도 했다. 그런 반상회가 왜 사라졌는지는 모르겠다. 점차 개인이 파편화되어서 그런가? '우리'보다 '개인'이 우선되는 사회라서 그런가? 자기만의 공간을 타인에게 보여주기 싫어서 그런가? 불신의 사회라서 그런가? 많은 생각들이 머릿속을 어지럽힌다.

개인의 파편화는 소외를 낳기도 하지만, 개인을 보다 손쉽게 지배의 대상으로 전락시키기도 한다. 깨달음은 비약에서 오는가? 갑자기 푸코가 이야기한 팝옵티콘이 생각났다. 팝옵티콘은 한눈에 전체를 다 본다는 의미이다. 그곳에서는 권력과 손잡은 지식이 우리의 영혼과 신체를 통제한다. 지식은 더 이상 해방이 아니며 감시와 규율의 방식이 되고 개인을 고립시킨다. 푸코는 〈감시와 처벌〉에서 규율은 개인의 분할을 실행한다고 지적한다. 규율은 서열을 조직화 함으로써 기능적이고 위계질서를 갖는 공간을 만들어낸다. 우리는 푸코가 이야기하는 팝옵티콘에 갇혀서 사는지도 모른다. 팝옵티콘 에서 개인은 철저하게 원자화된다. 보이지 않는 권력이 작동한다. 우리를 감시하면서 조종한다. 얼굴 없는 시선이다. 우리는 그 시선 과 마주칠 수 있는 새로운 시선이 필요하다. 공장 사람들의 소박한 삶 속에서 그러한 시선이 느껴진다. 그곳에서는 법과 왕이 없지만, 그들만의 성이 있다. 그 성안에서 그들은 소통한다. 그것이 어쩌면 팝옵티콘에서 벗어날 수 있는 유일한 길인지도 모른다. "사는 게 뭐 있습니까? 이렇게 즐겁게 살면 좋지 않습니까? 형님! 건배 한번 합 시다." 아직도 내 귓가에 그 동생의 이야기가 맴돈다. 그들에게 푸 코를 이야기할 수는 없지만, 그들과 함께 한 어제의 경험에서 새로 운 삶의 길이 있음을 느껴본다.

나는 '친북좌파'다

오늘도 차로 딸과 사위의 출근을 도와주었다. 평소와 다름없이 라디오를 틀어놓았는데, "나는 종북좌파다"라고 도발적인 말을 하는 어떤 스님의 이야기를 들었다. 그 스님의 이야기는 기발했다. 절에는 종과 북이 많고, 자신은 종과 북을 가까이 두고 지내기에 '종북'에 가깝다고 한다. 또한 수도승이기에 하루 종일 앉아서 생활하는 시간이 많았기에 '좌파'라는 이야기이다. 그 순간 나도 '친북좌파' 정도는 되겠다고 생각했다. 물고기가 물을 만난 것처럼 엉뚱한 생각들이 나의 머리를 휘젓고 다녔다. 막내딸을 시집보내고 나서 나는 주로 집에서 시간을 보낸다. 온종일 앉아서 책을 본다. 개인 사무실이 있기는 하지만 귀찮아서 잘 나가지 않는다. 사무실에 있든, 집에 있든 주로 앉아서 생활하니 나도 좌파이다. 나는 종과 북은 가까이하지 않는다. 하지만 절에 있는 북이 아니라 서점에 있는 책은 좋아한다. 책은 Book이다. 책을 좋아한다는 의미에서 나는 '친북'에 가깝다. 그 둘을 합하면 나는 '친북좌파'이다. 이런 내 생각을 친구들 카톡방에 올렸다. 경상도가 고향인 60대 중반인 내 친구들에게 "나는 친북좌파다"라는 외침은 미친놈의 헛소리임이 분명했다. 폭탄을 가슴에 안고 불구덩이 속으로 뛰어든 격이었다. 나는 곧이어 여기에서 '친북좌파'는 책을 좋아하고 앉아서 생활한다는 의미를 가진 새로운 개념이라는 설명을 덧붙였다. 친구들의 뒤통수를 한 대 갈긴 거나 진배없었다. 반전의 즐거움이다.

언어의 유희는 다양하다. 어느 작가가 페이스북에 집을 나간 영감님을 기다리는 글을 올렸다. 제목만 읽고 나는 이런 생각을 했다. "할머니가 무슨 잘못을 했기에 영감님이 집을 나갔을까?", "할아버지가 가출하기 전에 좀 잘하지!" 선입견은 사람을 시각장애인으로 만든다. 여기에도 반전이 있었다. 그 글에서의 영감님은 할아버지가 아니라 inspiration이다. 영감! 발음은 같지만, 의미는 다르다. 뮤즈의 여신을 기다리는 마음을 집 나간 영감님을 기다린다고 표현했다. 플라톤에 의하면 시인은 뮤즈 여신의 영감을 받아서 시를 쓴다. 그 글을 쓴 작가는 뮤즈의 여신을 기다리고 있는 것이다. 상상의 날개는 배를 산으로도 올려놓는다. 나는 집 나간 영감님을 기다리는 할머니의 모습을 그려 보았다. 멀뚱히 먼 산을 바라보다가 문득 거울 앞에서 화장하는 그런 모습이다. 예쁘게 꽃단장하면 집 나간 할아버지가 돌아올지도 모른다는 간절함도 함께 그려 보았다. 벌은 향기로운 꽃향기를 찾아 날아온다. 집 나간 영감님도 아내의 향기에 취해 다시 집으로 돌아올지도 모를 일이다. 뮤즈의 여신도 수동적인 기다림은 싫어하고 무언가 미친 듯이 열중하는 사람을 즐겨 찾을지도 모른다. 집 나간 영감님을 찾는 글 속에는 단순한 말장난 이상의 것이 내포되어 있었다.

"노년의 사랑에서 배우자를 대하는 태도는 낡아빠진 헌신이 아니라 연민의 정을 담은 헌신의 자세이어야 한다." 이것 역시 동음이의어를 활용한 언어의 유희이다. 전자의 헌신은 낡은 신발이며, 후자의 헌신은 영어로 devotion이다. 헌신의 사전적 의미는 자신의 이해관계를 생각하지 않고 몸과 마음 바쳐 있는 힘을 다함이다. 어느 심리학자의 이론에 따르면 사랑하는 관계에는 열정, 친밀감, 헌신이라는 세 가지 요소가 포함되어 있다고 한다. 사랑은 첫눈에 반해 매일 만나는 열정에서 시작하여 중반기에 접어들면서 서로에 대한 친밀감에서 사랑이 성숙해 간다. 하지만 말년의 사랑은 상호존중과 배려의 의미가 담겨 있는 헌신으로 무르익는다. 열정과 친밀감, 그리고 헌신이 어우러지면서 사랑은 완벽에 가까워진다. 하지만 간혹 주변에 열정이 식어버려 상대방을 헌신 버리듯이 내팽개치는 경우도 볼 수 있다. 낡아서 버려지는 헌신과 상대에 대한 배려와 존중의 의미가 담긴 헌신은 하늘과 땅 차이만큼 크고 깊다. 이와 같은 언어의 유희에서도 또 다른 의미를 담아본다. 노년의 사랑에서는 낡은 신발이라는 사물적인 사고보다는 존중과 배려라는 공감적 사고를 해야 한다.

　친북좌파, 영감, 헌신. 모두 언어의 유희이다. 물론 친북좌파는 내가 새롭게 만들어 낸 유희이다. 라캉주의자라고 할 수 있는 지젝은 이렇게 말한다. 기의 없는 기표로서 다른 기표들의 자리를 정해주는 것이 주인 기표이다. 지젝은 이런 주인 기표가 이데올로기의 다른 이름이라고 한다. 주인기표는 기표들의 연쇄 속에서 하나의 질서를 잡아준다. 누빔점이다. 주인기표는 대상 속에 있는 대상 이상의 어떤 것을 만들어 낸다. 그것이 잉여이고, 그러한 잉여가 곧 이데올로기로 작용한다. 나치가 반유대주의를 외치면서 유대인을 나쁘게 언급한 것이나, 군부 독재 시절 반공주의를 외치면서 빨갱이를 언급한 것 모두 하나의 이데올로기로 작용했다. 그런 이데올로기는 해체되어야 한다. 친북좌파 역시 하나의 이데올로기로 작용한다. 이런 이데올로기를 해체하기 위해 나는 친북좌파라는 기존의 개념과는 완전히 다른 새로운 개념의 친북좌파를 만들어 보았다. 빨갱이 역시 붉은 악마로 대체되어야 할지도 모른다. 언어의 힘은 대단하다. 우리는 언어를 벗어나서 사고할 수 없다. 원래 텅 비어있는 기표에 불과한 그 자리에 이데올로기가 침투되어 환상을 불러일으킨다. 새로운 개념의 친북좌파는 해체를 위한 전복의 의미를 갖는다. 이러한 전복을 통해서 이데올로기라는 허위의식이 없는 순수한 세상을 꿈꿔본다. "나는 친북좌파다."라는 외침은 하나의 도전이며 전복이다. 예술로서의 문학이 가야 할 길이 이런 길일지도 모른다. 예술의 기능은 가능 세계를 보여 주는 데 있다. 이미 있는 세계, 이미 생각하고 알고 있던 세계와는 다른 세계, 다른 관점을 제안하거나 제시하는 것이 예술을 예술이라고 규정할 수 있는 유일한 기능이다. 그런 의미에서 예술은 해방적이고 개방적이고 진취적이다. 나의 외침은 그런 예술로서의 외침이다.

눈뜨고 코 베어가는 세상

어린 시절에 들었던 이야기이다. 눈뜨고 코 베어가는 세상이라고! 세상인심이 고약한 시절의 이야기였다. 50여 년 전만 해도 내 주변에 사기꾼, 소매치기들이 많았었다. 어느 날 학교에서 귀가 중이었는데 누추해 보이는 한 할아버지가 나에게 다가와서 "학생! 내가 지갑을 잃어버려 기차를 못 타는데, 차비 좀 보태어 줄 수 나?"라고 한다. 난 가진 돈이 없어서 그 할아버지에게 돈을 줄 수 없었다. 집에 와서 어머니에게 이야기했더니, 그런 사람 조심하라고 주의를 주었다. "그런 사람 사기꾼이야! 눈뜨고 코 베어가는 세상이니 조심해! 네가 어수룩하게 보여서 그런 거야!" 난 그때 내 자신의 모습이 어수룩하게 보인다는 것을 처음 알게 되었다. 돈이 있었으면, 그 할아버지에게 돈을 주었을 것이다.

코 베어 간다! 그 말의 유래는 임진왜란 때였다고 한다. 유성룡의 징비록에 "적병은 무릇 우리나라 사람을 붙잡기만 하면 모두 코를 베어 위세를 보였다."라고 기록되어 있고, 강항의 간양록에도 "왜군들은 우리나라 사람들을 보기만 하면 죽이고 그 코를 베어 소금에 담아 보냈다."라고 기록되어 있다고 한다. 징비록이나 간양록을 직접 읽고 이런 글을 옮겨야 하는데, 그렇지 못한 것은 나의 한계이다. 인터넷 검색을 통하여 어떤 블로그에 실린 글을 옮겼다. 블로그에 실린 글이 사실이 아니라면? 나는 또 사기를 당한 꼴이다. 사기를 당한 것을 임진왜란 때 한국인의 코를 베어갔던 악랄한 일본군에 비유한 선조들의 지혜가 놀랍기는 하다.

지금은 코가 아니라 영혼이 도둑맞는다. 미디어의 발달이 영혼을 빼앗아 간다. 침대가 과학이라는 광고에 노출된 학생들이 "다음 중 과학인 것은?"이라는 문제에 침대를 답으로 골랐다는 우스갯소리도 있었다. 뉴스도 마찬가지이다. 요즈음은 코로나 확진자가 17,000여 명이나 된다. 심각한 문제이기는 하다. 방역 당국은 백신 접종률을 강조하면서, 백신의 효능만 강조한다. 한 사람의 생명을 더 구하기 위해, 그리고 집단 면역을 위해 국민 전체가 백신을 맞도록 유도하는 것이 방역 책임자의 입장이라는 것을 모르는 바는 아니다. 나도 내 개인과 공동체 전체를 위하는 차원에서 2차 접종은 완료했다. 그런데 집단 면역은 헛소리에 불과했다. 집단 면역이 이루어지지 않으니, 이제는 돌파 감염이라는 표현을 사용한다. 백신의 부작용에 대해서 언급조차 하지 않는다.

　질병관리청에 의하면 백신 이상반응 신고 수는 43만 건이고, 사망은 1,267건, 중대한 이상반응도 16,000여 건에 달한다고 한다. 이런 자료 찾는 것이 쉽지는 않았다. 그런데 참으로 이상한 것은 중대한 이상반응 중 인과성이 확인된 경우는 극히 드물고 대부분 인과성이 확인되지 않는다고 한다. 연예인 강석우 씨가 백신을 맞고 나서 갑자기 시력 저하가 되었다는 신문 기사를 봤다. 당국에서는 인과성을 확인할 수 없다고 한다. 멀쩡했던 사람이 백신을 맞고 평소와 다른 신체 변화가 있었는데 그것은 백신과 인과성이 없다고 이야기하면서, 감염된 환자가 중증으로 진행된 것은 무조건 백신과 인과성이 있다고 이야기한다.

　시골에서 농사짓는 사촌 누님이 감자를 팔기 위해 상자에 감자를 담는 것을 본 적이 있었다. 굵고 흠집이 없는 감자를 위쪽에 놓고, 작고 흠집이 있는 감자는 아래쪽으로 놓는다. 숨긴다는 표현이 맞을 것이다. 내가 누님에게 말했다. "누님! 좋은 놈은 좋은 놈끼리, 나쁜 놈은 나쁜 놈끼리 담아야지!" 누님의 이야기가 재미있었다. "세상 이렇게 사는 거야!" 그러면서 즐거운 표정으로 웃는다. 누님은 지금 서울 목동에서 부유하게 잘살고 계신다. "결혼해도 후회하고 안 해도 후회하니, 결혼을 하고 후회하는 것이 좋다." 이것은 결혼 중매쟁이나 할 말이다. 난 제약회사에서 병원 영업을 담당했다.

만약 내가 백신을 맞아도 감염되고 안 맞아도 감염되지만 그래도 맞는 것이 좋다고 했다면, 난 의사들에게 문전박대당했을 것이다. 영업의 기본은 약의 효과와 함께 부작용도 반드시 이야기해야 했다. 정확한 정보 전달이 영업의 기본 전략이다.

우리는 지금 눈은 뜨고 있지만 정신을 차리지 않으면 영혼을 빼앗기는 세상에 살고 있다. 내가 나를 온전히 지키기 위해 나는 또 다른 엉뚱한 생각을 해본다. 낚시꾼이 미끼를 이용해서 큰 고기를 유혹한다. 큰 고기는 예쁜 미끼를 물었다. 미끼의 입장에서는 먹혔고, 큰 고기의 입장에서는 먹었지만, 낚시꾼의 입장에서는 고기를 잡았다. 물었고, 먹혔고, 잡았다. 나는 어디에 위치하고 있는가? 우리는 물고기의 입장이 될 수도 있고, 미끼의 입장이 될 수도 있고, 낚시꾼의 입장이 될 수도 있다. 수동적인 위치에 있다면 물고기와 같은 입장일 것이다. 그리고 도구로 전락하여버린 인간은 미끼에 불과하다. 그나마 낚시꾼의 위치가 좋아 보이기는 하다. 전지적 관점에서 사물을 보는 것이 가능하기나 할까? 영혼을 도둑맞지 않으려면 물고기의 위치나 미끼의 위치에 서지는 말아야 한다.

당위가 우리의 덫이다

친구 자녀 결혼식에 참석했다. 하루에 이천 명이 넘는 신규 감염자가 나오는 터라 결혼식장은 그렇게 붐비지는 않았다. 낮에 진행된 결혼식이어서 혼주가 마련한 식당에서 간단한 식사를 마친 후에 함께 참석한 친구들과 근처에 있는 식당으로 이동하여 담소를 나누게 되었다. 이차 장소로 이동 중에 한 친구에게 질문했다. "3년 전 빌딩 올린다고 했는데 잘 올라가고 있냐?" 그 말과 동시에 그 친구의 표정이 그리 좋아 보이지 않았다. 침울해 보였다. "막걸리 한 잔 마시면서 이야기해 줄게!" 그렇게 이차 장소로 이동했다. 빌딩을 올리려는 친구와 건축과 토목을 전공한 친구들과 대학교수를 포함하여 모두 다섯 명이 함께 했다.

사업에 성공하여 강남지역에 빌딩을 올리려는 친구의 이야기이다. 그동안 30년 동안 사업을 해왔는데 최근 2년이 가장 힘들었다고 한다. 그 힘든 일이 강남에 있는 자신의 땅에 세우려는 건물 신축 공사 때문이었다. 근 한 시간 동안 그가 겪었던 고충을 이야기했다. 요약하면 이렇다. 자신의 땅에 건물 신축 공사를 진행하는 중에 옆 땅의 주인이 소송을 걸었다. 그 건물 신축 공사로 인하여 자기 집 벽이 갈라지기 시작했다는 것이다. 내 친구는 건물을 올리기 전에 그 땅 주인에게 "그 땅을 나에게 팔든지, 당신이 내 땅을 사든지 하자"라고 제안했다. 하지만 그 사람은 팔지도 않고, 사지도 않겠다고 했던 모양이다. 그런 상황에서 내 친구는 건물 신축 공사를 진행하였고, 결국 소송이 시작되었다. 아직도 재판 중이라고 한다.

그런 이야기는 나 같은 서민으로서는 꿈에서조차 상상할 수 없었다. 변호사 비용만 1억이라고 한다. 소송을 건 사람은 감리사를 동원했는데, 그 감리사는 감리로 인한 전과가 있는 사람이다. 그 전과를 속이기 위해 개명까지 한 사람이었다고 한다. 내 친구는 그것을 밝혀내서 자신의 소송에 유리한 결론을 얻어냈다고 한다. 친구의 이야기 중 놀라웠던 것은 자신이 형사고발당했다는 부분이었다. 그 감리사가 자신의 뒷조사를 했다고 내 친구를 형사고발했다고 한다. 도둑놈을 도둑놈이라고 해도 소송을 당하는 세상이다. 참으로 무섭다. 돈을 둘러싸고 벌이는 현장은 약육강식의 싸움터였다. 총칼을 대신하여 법과 권력을 앞세운 전쟁터와 다름이 없었다.

돈과 관련하여 벌어진 친구의 이야기를 듣고 있으니 내 정신이 돌 지경이었다. 건설회사 현장소장 출신인 다른 친구의 이야기로는 그런 일들이 건설 현장에서는 비일비재하다고 한다. 자신도 그와 유사한 일들을 수도 없이 겪었다고 한다. 하지만 회사는 돈과 조직으로 감당하지만, 한 개인이 겪는 고충은 심할 것이라고 이야기한다. 소송을 당한 그 친구는 요즘 절에 다닌다. 스트레스가 너무 심해서 절에 가서 스님과 대화를 나누고 나면 스트레스가 풀린다고 한다. 친구가 겪은 고충은 나로서는 쉽게 상상이 되지 않았다. 다만 법이 곧 힘인 세상인 것을 알게 되었다. 그 법은 돈에 좌우된다는 사실도 알게 되었다. 그리고 왜 돈 많은 사람들이 법이라는 권력과 가까워지려고 하는지도 알게 되었다. 법이라는 권력을 통하지 않고는 자신의 돈을 지킬 수 없는 세상이고, 법이라는 권력을 통해서 타인의 돈을 갈취하는 것도 가능한 세상이 되어버렸다.

1억 원짜리 변호사도 고등학교 동문이라는 연줄을 통해 소개받았다고 한다. 무서운 세상이다. 오히려 소시민적인 삶이 더욱 행복한 것 같았다. 매일 앉아서 책만 보는, 그래서 친북좌파인 내가 더 행복하다고 말했다. 대학교수인 친구가 말한다. "야! 빨리 전향해라. 그렇지 않으면 안 끼워준다." 속으로는 "미친놈!"이라고 했지만, 말로는 다르게 표현했다. "아이고 무서워라! 그런데 배재시키는 놈이 더 나쁜 놈 아닌가?" 셈해지지 않는 사람들의 셈이라는 랑시에르의 이야기는 꺼내지 않았다.

돈을 둘러싸고 싸우는 세상은 전쟁터임에 분명하다. 그 싸움터에는 아군과 적군만 있다. 그것에 좌우의 이데올로기가 덮여 버리니 이 사회 전체가 전쟁터와 다름이 없다. 둘이 아니고 하나일 뿐인데, 서로 피 터지게 싸운다. 서로 당위를 내세운다. 오리일 수도 있고 토끼일 수도 있는데, 서로 내 말이 옳다고 한다. "그렇게 생각할 수도 있구나. 그런데 나는 이렇게 생각한다." 이런 삶의 자세가 왜 현실에는 적용하기 어려울까? 한 번은 친구에게 황당한 이야기를 들었다. "너는 왜 사람들을 가르치려고 하냐?" 나는 깜짝 놀랐다. "내가 왜 남을 가르쳐? 너와 생각이 다른 내 생각을 말했을 뿐이야!" 그렇다. 친구들은 대화를 나누는 것이 아니고, 주장을 한다. 그러니 자신과 다른 생각을 용납할 수 없는 것이다. 결국 자신과 다른 생각은 나를 가르치는 것으로 받아들이게 된다. 나는 아버지고 너는 아들이니깐 넌 내 말을 들어야 해! 그런 당위적인 생각이 결국 그 아들을 해치는데, 아버지는 그것을 모른다. 참으로 안타까운 사회이다. 당위가 우리의 덫이다.

도시 텃밭의 경계

참으로 다양한 사람들이 살아가는 세상이다. 내가 사는 아파트 창문을 통하여 아래를 내려다보면 영등포구에서 운영하는 도시 텃밭이 한눈에 들어온다. 제2세종문화회관이 들어설 공터를 활용하여 구청에서 주민들을 위하여 도시 텃밭을 운영한다. 텃밭은 추첨을 통하여 주민들에게 분양된다. 난 운이 좋게도 한 고랑을 분양받았다. 지방의 소도시에서 성장했지만, 농부의 아들이 아니라서 식물을 키우는 것에 관해서는 관심이 별로 없었다. 텃밭은 아내의 몫이었다. 아내는 그곳이 놀이터이다. 손자와 함께 그곳에서 함께 시간을 보내는 일이 많다. 배추도 심고, 깻잎과 고추도 심고, 내가 좋아하는 오이도 심는다. 가로, 세로 약 2m와 10m 남짓한 작은 고랑 하나가 주는 마음의 평화는 참으로 놀랍다. 힐링은 큰 것에서 오는 것은 아님이 분명하다. 아내는 작은 고랑 하나에서 수많은 생명의 움틈에 감동하기도 하고, 소외되지 않은 노동의 즐거움도 함께 느낀다.

우연히 창밖을 내려다보았다. 텃밭들 사이로 경계를 표시하는 말뚝들이 눈에 띄었다. 그 말뚝들 사이로 널빤지들이 세워져 있다. 모두 같은 고랑들인데 굳이 자신만의 고랑을 표시할 이유가 있을까? 궁금증이 폭발했다. 산책 삼아 텃밭에 직접 내려가 보기로 했다. 8층 아파트에서 내려다본 것과 직접 텃밭에서 본 경계 말뚝들은 큰 차이가 있었다. 벽돌로 자기 텃밭의 테두리를 표시해 놓은 사람도 있고, 어디서 주문 제작한 것 같은 작은 합판으로 낮은 벽을 세워 자신만의 텃밭을 표시한 사람들도 있었다. 그런 사람들의 경계선에는 그나마 작은 정성이 느껴졌다. 그런데 어디서 주워온 나무 조각으로 자신의 텃밭 경계를 표시한 사람들도 있었다. 나무 조각의 높낮이가 맞지 않아서 보기에도 흉하게 보였다. 낮은 것은 그나마 다행이지만 높게 쳐진 나무 조각은 옆 고랑에서 일하는 사람에게 큰 불편을 준다. 높게 쳐진 경계 팬스 옆에 앉아 보았다. 엉덩이가 걸리는 것이 여간 불편한 것이 아니었다. 텃밭을 나오면서 텃밭 관리 사무실을 방문했다. 저렇게 높게 쳐진 울타리는 이웃에게 불편함을 준다고 이야기해 보기로 했다. 사무실에는 마침 사람들이 없었다. 그다지 중요한 일도 아니라 그냥 집으로 돌아왔다.

자신의 영역을 저렇게 표시해야만 할까? 타인에게 불편함을 주는데도 자신만 만족하면 그만인가? 참여 없이는 참된 민주주의의 발전이 없다는 생각에서 영등포 구청에 직접 문의해 보기로 했다. 인터넷을 검색해 보니 도시 경제과라는 곳에서 텃밭과 관련된 업무를 담당하는 것으로 나와 있었다. 도시 텃밭에 쳐진 울타리 때문에 전화했다고 했다. 한편으로는 담당 공무원에게 미안한 마음도 들었다. 사소할지도 모를 이런 전화에도 일일이 응답해야 하는 공무원의 입장을 이해했기 때문이었다. 그래서 최대한 우호적으로 대화를 이어갔다. "혹시 텃밭에 높게 쳐진 울타리 때문에 옆 사람이 불편을 겪는데 행정 지도할 방안이 없을까요?" 젊은 여직원의 목소리가 들려온다. 목소리만으로는 얼굴도 예쁘고 마음씨도 예쁠 것 같았다. "선생님 말씀은 충분히 이해가 가는데, 사실 저희들 입장에서 자신들의 몫으로 주어진 텃밭에 울타리를 친 것 두고 뭐라고 말할 수는 없습니다." "예! 그렇군요. 잘 알겠습니다." 타인의 영역을 침범하지 않는 한에는 달리 행정지도를 할 수 없다는 이야기였다.

아르케라는 정치 공동체의 질서가 떠올랐다. 아르케라는 그리스어는 정치 공동체가 어떤 합당한 근거나 원리에 따라 질서를 이루고 있음을 가리키는 말이다. 안-아르케는 원리가 없음을 뜻한다. 그로부터 아나키즘이 유래했다. 아르케가 없다는 것은 합리적인 공동체가 아니고 무질서하고 잘못된 공동체이다. 아르케가 있다는 말에는 부유한 이들은 부에 따른 합당한 몫을 분배받고, 노예는 노예에 적합한 대접을 받아야 한다는 논리가 깔려있다. 재산도 혈통도 지니지 못한 보통 사람들은 자유 시민이라 공허한 몫만 가질 뿐이다. 아르케의 원리에 따르면 모든 구별 짓기는 당연하게 여겨진다. 나의 것이 있기에 구별 짓기가 가능하게 된다. 물론 랑시에르는 아르케의 원리야말로 정치 공동체의 구성원인 데모스를 배제하는 것이고, 이로써 민주주의는 잘못을 저지르고 있다고 지적한다.

자연과 함께하는 도시의 텃밭에서도 나만의 영역이 존재한다. 나의 것이 아닌 곳은 타인의 영역이다. 하지만 개방되어 있는 공간인 도시 텃밭에서도 조차 폐쇄적인 구별 짓기가 이루어지는 현실이 안타깝다. 타인의 텃밭에서는 나와는 취향이 다른 사람들이 키운 다양한 식물들이 자란다. 그것을 감상해 보는 것도 도시 텃밭이 주는 즐거움이다. 팬스가 처지지 않은 작은 고랑 하나가 주는 즐거움은 개방되어 있는 공간이 주는 즐거움일지도 모른다. 그런데도 도시 텃밭에는 나와 너의 경계를 확연하게 구별 지어야 마음이 편안한 사람들도 함께한다. 그들은 그런 것에서 내면의 평화를 느끼는 모양이다. 그것이 행복에 이르는 길이라고 여길지도 모른다. 높게 쳐진 테두리에는 소통의 창문이 없다. 경계선 바깥의 세상은 무관심의 영역이다. 나의 것만 소중하다. 배제의 논리가 작용한다. 평범한 사람들이 살아가는 도시의 텃밭에서도 배제의 논리가 발생한다. 쓸쓸하지만 어쩔 수 없는 현실이다. 그들의 높은 벽을 낮은 벽으로 교체해 달라고 부탁할 수도 없는 노릇이다. 자칫 싸움으로 번질 수도 있기 때문이다. 그래서 소통은 점차 어려워진다. 모든 벽은 문이 되어야 함에도 불구하고, 벽은 더욱더 단단해진다.

돈이 중심인 세상

"내 아들은 연봉이 억대야!" 얼마 전 친구들과의 술좌석에서 나온 이야기이다. 모두 그 친구를 칭찬해 주었다. "아들 잘 키웠구나." "고마워! 열심히 노력한 만큼 대접받는 사회잖아." 당연한 이야기인 것처럼 들린다. 하지만 내 입에서는 "축하한다. 그런데 네 아들이 사회봉사도 많이 하냐?"라는 말이 튀어나올 뻔했는데 참았다. 그 친구는 영국에서 근무한 적이 있었다. 그때 아들을 영국에서 공부시켰다고 했다. 영국에서 공부했다고 모두 훌륭한 회사에 입사하는 것은 아니다. 이웃 중 한 사람은 자식들을 영국에 유학 보냈는데, 그 자식들이 지금은 한국에서 겨우 입에 풀칠하고 산다고 투덜댄다. 자식에게 투자한 비용 대비 효율성이 떨어진다는 불평이었다. 그 사람에 비하면 내 친구는 아들을 훌륭하게 키웠다. 투자 대비 효율성이 분명히 높았다. 그런데 자식 교육에 인성은 뒷전이고 자본의 효율성만을 따지는 이 사회의 구조가 뭔가가 이상했다.

아들 이야기만 나오면 성질이 난다는 친구도 있다. 그 친구는 아들을 법학전문대학원까지 공부시켰는데 결국에는 변호사가 되지 못했다. 그 대신에 아들은 민변 관련 단체에서 활동한다고 한다. 난 그 친구에게 "너야말로 아들을 훌륭히 키웠다"라고 말했다. "힘없고 불쌍한 사람들을 돕는 것이야말로 훌륭한 일이지 않느냐?" 내 친구는 "쓸데없는 소리 하지 마세요!"라고 내 말을 막는다. 그 친구는 자식의 성공을 위해 많은 돈을 투자했지만 좋은 결과가 없었던 것 같았다. 그 친구의 최근 생각은 조금 바뀌었다. "본인이 스트레스 안 받고 행복하게 살면 됐지, 이젠 아무것도 안 바란다." 두 친구의 아들 이야기 속에서 인간의 가치가 돈으로 평가되는 세상이라는 조금은 안타까운 생각이 든다. 얼마 전에는 고려대학교 대학생이 학교 대자보에 '학벌 폐지 반대'라는 글을 올렸다고 한다. 열심히 공부해서 SKY대학에 입학했고, 그런 만큼 사회가 인정해 줘야 하며, 돈도 많이 벌어야 한다는 논리이다. 그것은 비뚤어진 사고를 하는 한 대학생의 이야기가 아니라, 우리 사회의 현주소 일지도 모른다.

어제는 문래동 창작촌에서 활동하는 예술인 협회 간부 두 명을 만났다. 두 명 모두 예술 기획가로서 대단한 명성을 가지고 있는 사람이었다. 나는 문래동 주민자치회의 문화 체육 분과 위원장의 이름으로 그들을 만났다. 나의 역할은 문래동에서 활동하는 예술인들과 문래동 주민들과의 연결고리를 찾는 것이었다. 그 일환으로 예술인들을 초청하여 주민들과의 소통의 자리를 만들고자 하였다. 책상에 앉아서 나의 상상력만 가지고는 행사를 진행할 수 없는 노릇이다. 그래서 예술인들을 직접 만나서 그들의 니즈를 파악하고자 했다. 그런데 뜻밖의 목소리를 듣게 되었다. "보통 기업에서 저희를 만날 때는 사전에 예비 기획 면담비를 받고 만납니다." 순간적으로 깜짝 놀랐다. 여기도 돈이다. 변호사 만나는 것도 아닌데 면담비를 받는다고 한다.

　물론 내가 주민자치위원으로 그들을 돕기 위한 만남이었기에 나와의 만남에 대해서는 예비 면담비를 언급하지 않았다. 받을 생각조차 없었을 것이다. 그러나 한편으로는 그들의 말이 이해는 되었다. 자신들의 노하우를 돈으로 환산하는 세상이기에 그렇다. 그런데 한편으로는 씁쓸했다. 사회 곳곳에서 전문화, 세분화, 합리화, 효율화가 일어나는 것 같아서이다. 그곳에서는 지식조차 효용가치로 변한다. 어쩌면 이런 사회가 모더니즘적 사회인지도 모른다. 자본의 논리에 의해 모든 것이 획일화되는 사회이다. 이성도 결국 돈을 위한 도구적 이성으로 변모한다. 그래서 포스트모더니즘이 등장했을 것이다. 포스트모더니즘은 하나의 거대 서사, 획일적인 사고를 지양하면서, 개인과 소수집단의 자유를 옹호하고, 그런 만큼 다양성의 가치를 소중하게 생각한다.

　다행히 내가 만난 예술인들은 돈만을 앞세우는 사람은 아니었다. 합리적인 소통을 희망하는 사람이었고, 이웃과 협력하려고 노력하는 사람이었다. 대화 중에 나는 나의 짧은 지식으로 그들을 칭찬했다. "한 때는 작가와 작품 중심으로 예술작품을 평가했는데, 지금은 독자와 텍스트가 중심이 되어 작품이 평가된다고 합니다. 독자에 의해 새롭게 재창조되는 작품! 그런 측면에서 선생님들은 항상 이웃과 소통하려 하니 모두 훌륭하신 분들입니다." 사실 그들은 그들만의 세계에 갇혀 지내는 예술가는 아닌 것 같았다. 그들은 돈과 결부되지 않으면서 소통하려고 하였고, 협력하려고 하였다.

　노력한 만큼 돈을 벌어야 한다는 생각도 당연하기는 하다. 다만 그들만의 사회가 되어야 즐거운 사회가 된다고 이야기하는 것이 문제가 있을 뿐이다. 그들만의 파라다이스를 꿈꾸는 사람들! 만약 그런 사람들이 나라를 운영한다면 이 나라가 어떻게 변할까? 가난한 사람들, 소외받은 사람들, 합리적인 의사소통이라고 해 봐야 자기들끼리의 의사소통일 가능성이 크고, 결국에는 셈해지지 않은 사람들의 목소리가 침묵 속에 잠겨버리는 사회가 될 것이다. 그 결과는 큰 위험이 따른다. 몇 년 전에 "분열된 사회는 왜 위험한가?"라는 글을 읽었다. 불평등의 대가가 그만큼 크다는 것이다. 불평등으로 인한 사회 범죄가 커지게 되면 결국은 가진 자들도 피해를 본다는 논리였다. 그럼에도 불구하고 이 사회는 점점 더 불평등이 심한 사회로 변모하고 있다. 나랏일은 내가 할 수 있는 영역의 범위를 훨씬 넘어서 있다. 그래서 나의 관심사가 아니다. 다만 나는 나에게 주어진 이 작은 공동체 안에서 이웃과 소통하면서 살아간다. 친구와 이웃, 그리고 또 다른 훌륭한 사람들이 내 주변에 많다. 그들과 함께 나의 철학을 정립해 나갈 뿐이다.

민주화! 아직도 진행 중이다

   민주화 이후의 한국 민주주의는 병들어 가고 있다. 민주주의는 그 사회의 지적, 도덕적, 문화적 토양에 따라 다르게 변할 수 있다. 그래서 민주주의는 사회적 상태를 진단하는 측도로 작용하기도 한다. 미국의 민주주의, 유럽의 민주주의 모두 다르다. 한국의 민주주의는 무늬만 민주주의일 뿐이다. 조선왕조시대를 지나 일제의 식민지, 군부 독재 속에서 피어난 민주주의이기에 아직 갈 길이 멀어 보인다. 군부 독재 시절에 나는 거리에서 화염병을 던지며 독재타도를 외치지는 못했다. 다만 최루탄에 범벅이 된 친구가 나의 자취방에 찾아오면 함께 술을 마시면서 세상을 한탄하는 노래를 불렀을 뿐이다. "내일은 해가 뜬다."라고! 그렇게 독재로부터 구해낸 민주주의인데 지금의 민주주의는 순수하지가 않다. 독재로부터 구해낸 자유를 발판삼아 자본과 결탁한 권력이 춤을 추고 있고, 그런 권력의 눈치를 보는 지식이 뱀의 혓바닥을 날름거리고 있다. 70년대의 우리 사회에는 언론이 살아 있었고, 대학이 살아 있었다. 대학에는 지식인이 아닌 지성인이 넘쳐 났다. 이제는 그 모두가 사라져 버렸다. 억압으로부터의 해방과 자유를 꿈꾸었는데, 내가 꿈을 꾼 그 자리에 지금은 자본이 자리 잡고 있다. 자본, 권력, 지식이 한 몸이 되어 그 자리를 차지해 버렸다.

언론은 이미 자본의 도구로 전락한지 오래라고 하지만, 대학마저도 이제는 권력의 눈치를 보는 단체로 변해버렸다. 그에 몸담고 있는 교수들도 지식인에 불과하다. 돈 버는 방법을 가르치는 지식인이다. 필로소프는 사라지고 소피스트만 살아있다. 물론 아직도 대학 내에 지성인이 많이 있겠지만, 70년, 80년대에 비할 바는 아닌 것 같다. 그들의 목소리가 들리지 않는다. 페이스북에서만 유일하게 살아있는 지성의 목소리가 들린다. 사실 언론이 자기 역할을 다하지 못하니 다양한 목소리를 담아낼 수 없었을 것이다. 민주주의를 다시 소생시키려면 지적, 도덕적, 문화적 토양을 바꾸어야 한다. 담론의 활성화를 통한 길이 유일한 대안일 텐데 활로가 보이지 않는다. 어쩌면 SNS 통한 거대 담론의 형성도 가능한 일이기는 하다. 많은 지식을 갖춘 지성인들이 SNS를 통해 한바탕 논쟁을 벌이는 것을 구경하는 즐거움도 있을 수 있다. 그를 통한 담론 형성이 어쩌면 우리의 지적, 도덕적, 문화적 토양을 변화시킬 수도 있다는 상상을 해본다.

1807년 피히테는 나폴레옹의 독일 점령에 대응하기 위해 독일 민족주의 감정을 불러일으키는 글을 썼다. 〈독일 국민에게 고함〉이다. 물론 이 글은 후세에 배제의 논리를 담고 있다는 비난은 받기는 하였지만, 프랑스 점령 하에 있는 독일의 자유와 독립을 되찾기 위해 위험을 감수하고 독일 민족주의를 옹호하는 글이었다. 에밀 졸라는 드레퓌스 사건을 고발하는 〈나는 고발한다〉라는 글을 문학신문에 게재했다. 1898년도의 일이었다. 그 글로 프랑스 사회는 양분되었지만, 그로 인해 정의는 승리했다. 승리의 대가는 개인의 비극으로 끝났지만 말이다. 에밀 졸라는 가스중독이라는 의문의 죽음을 당했다. 우리나라에서도 불의한 사회에 저항하기 위해 저와 같은 훌륭한 글을 남긴 사람이 없는 것은 아니다. 1905년 을사조약이 체결되자 황성신문의 주필이었던 장지연이 쓴 '시일야 방성대곡'으로 시작되는 논설이 기억난다. 그는 일본군에 붙잡혀 90여 일 투옥되었다가 석방되었다. 김수영의 '시여 침을 뱉어라' 그리고 김지하의 '오적' 등 1970년대에는 그런 종류의 사회 참여하는 글들이 많았다. 나는 그런 글들을 읽으면서 자유를 꿈꾸었다. 오늘의 행복은 수많은 아픔을 가슴에 묻고 있다는 점을 항상 기억하게 만든다. 가을 차가운 서릿발 속에서 핀 국화나 겨울철에 피는 매화의 아름다움이 우리가 가꾸어 온 자유인 지도 모른다.

그렇게 소중하게 쟁취한 자유인데, 그 자유가 병이 들었다. 오늘날의 자유는 타인의 자유는 뒷전이고 자신의 자유만 챙긴다. 그로 인한 타인의 아픔마저 도외시한다. 도외시가 아니라 자신의 자유를 위하여 타인의 자유를 아예 송두리째 앗아간다. 내 딸의 나이와 비슷한 조민 양이 당하는 아픔은 누구의 탓인가? 그 나이 때의 학생이라면 누구나 허위로 발급받았을 수 있었던 인턴 증명서 때문에, 그리고 불법으로 유출된 생활기록부로 인하여 대학 입학마저 취소당하는 이 사회가 정상적인 사회인지 묻고 싶다. 그 서류가 학생의 당락에 큰 비중을 차지하지 않았음을 잘 알고 있는 대학이 10년이 지난 시점에 합격을 취소한 이유가 과연 무엇인가? 입시 서류가 잘못된 경우는 수도 없이 많다. 신문 지상에 발표된 것만 해도 수백 건은 될 것이다. 그럼 그런 학생들을 발굴하여 모두 입학을 취소시킬 것인가? 최소한 대학은 사회적으로 어려움에 처해 있는 학생을 보호해야 한다. 그것이 사회 정의이다. 이제 대학은 그것조차 내팽개쳤다. 그로 인해 받는 대가는 검찰공화국으로부터 받는 얄팍한 칭찬 혹은 훗날의 대학 지원금일지도 모른다.

포폴루스와 플레브스라는 두 가지 상이한 단어가 있다. 포풀루스가 어떤 정치 공동체의 성원 전체를 가리키는 명칭이라면, 플레브스는 기존의 사회 현실과 정치 질서 속에서 제대로 인정받거나 요구를 충족시키지 못한 집단들을 가리키는 명칭이다. 플레브스는 분산되어 있지만 그들이 서로 힘을 합치면 전체를 대표할 수도 있다.

그들이 힘을 합치면 더 이상 플레브스로 머물지 않는다. 이렇게 되면 기존의 포풀루스가 꼭두각시의 인민이라는 탈이 벗겨지고, 반대로 기존의 사회 질서에서 부분으로 나타났던 플레브스가 진정으로 보편적인 포풀루스가 된다. 결국 소외되고, 억압되어 있는 민중의 목소리가 힘을 합쳐야 한다는 이야기이다. 이런 의미에서 포퓰리즘은 민주주의의 조건이 된다. 포퓰리즘이 반드시 병든 민주주의의 증상이 될 수는 없다. 주변부에서 멀어져 있는 사람, 하층민의 사람들, 소외된 사람들의 목소리를 들어야 한다. 그들의 목소리를 응집시키는 데 지식인의 역할이 필요하다. 갈등은 필요악일 수밖에 없다. 민주주의는 갈등이 만들어내는 사회 분열을 완화하고 해소할 힘이 발휘될 때 건강한 민주주의로 발전한다. 갈등은 갈등으로 치유할 수 있다.

보수의 텃밭에서

　내 고향은 경북 김천이다. 76년도에 고등학교를 졸업했다. 지금은 상상하기 어렵겠지만 그 당시에는 초등학교에서 중학교, 중학교에서 고등학교 진학할 때 시험을 쳤다. 내가 다녔던 중, 고등학교는 주변에서 공부를 잘하는 학생들이 모였다. 서울의 경기고등학교에 비할 바가 못 되나, 지방에서는 명문 고등학교였다. 경북에 그런 명문 고등학교가 경주와 안동에도 있었다. 아마도 내 친구들이 서울에서 공부했다면, 모두 경기고등학교에 진학했을지도 모른다. 이런 이야기를 꺼내는 이유는 내 친구들의 자부심이 강하다고 말하고 싶어서이다. 사실은 별것 아닌 자부심이다. 자기 혼자 똑똑한 체하는 것은 사실은 병이다. 그런데 그런 친구들이 모이면 매우 강력한 집단적인 힘을 발휘한다. 서울에 사는 친구들의 카톡방이 그렇다.

친구들의 카톡방 분위기는 극우이다. 나는 진보적인 생각을 가지고 있지만, 사실 정치에 별 관심이 없다. 다만 철학적인 물음에만 관심이 있다. 진리를 추구하려고 할 뿐이다. 그래서 나는 친구들의 카톡방에서 공공의 적이다.

며칠 전에 한 친구가 한국 대통령과 미국 대통령이 국기에 대한 예의를 갖추고 있는 사진을 올리면서, 그 옆에 함께 자리한 국회의장이 국기에 대한 예의를 갖추지 않았다고 비난하는 글을 올렸다. 카톡방의 몇몇 친구들이 국회의장을 비난하였다. 나는 국회의장을 두둔하고 싶은 생각이 전혀 없었다. 다만 미국 국가가 연주되는데 왜 한국의 국회의장이 국기에 대한 예의를 갖추어야 하는가를 물었다. 아니나 다를까 벌떼처럼 나를 공격하는 글들이 올라왔다. "네가 저 사진만 보고 미국 국가인지 애국가인지 어떻게 아느냐?" 난 이렇게 대답했다. "애국가가 연주되는데 미국 대통령이 태극기에 예의를 갖추는 것은 내 평생 한 번도 보지 못했다." 아무도 나의 대답에 반박하지 못했다. 말문이 막혔을 것이다. 그러자 한 친구가 이야기한다. "둘이 나가서 이야기하세요." 한국 대통령이 미국 국기에 예의를 갖추는 부분에 대한 문제를 체기하는 사람은 아무도 없었다. 그것이 미국 국기가 아니라 일본 국기나 중국 국기였다면 그들의 반응이 어떠했을까? 아무튼 나는 친구들에게 찍혔다.

서울에는 고등학교 동문들의 당구 모임이 있다. 동문들 중에서

2. 호랑이가 물러나자 늑대가 나타났다 | 131

는 나의 당구 실력이 고수에 속한다. 4구 300점, 3구는 20점을 놓고 친다. 한 달에 한 번씩 정기모임도 갖는다. 정기모임은 모교에 대한 사랑이 깊은 선배가 운영하는 당구장에서 개최한다. 그분은 대단한 재력을 가지신 분이지만 이타정신이 강하여 모교에 수억 원씩 기부금을 내신다. 그분은 동문들을 위하여 일주일에 한 번은 당구장을 무료로 개방하시기도 한다. 훌륭하신 분이다.

지난달에는 동문 당구 카톡방에 선배 한 분이 전 정권에 대한 편파적인 글을 올려서 내가 한마디 했다. "이곳에서는 그런 종류의 글을 올리지 말았으면 좋겠습니다." 보수성향이 강한 선배들은 내 글이 마음에 들지 않았겠지만, 그럭저럭 넘어갔다. 그곳에서도 내가 찍혔을지도 모른다. 그런 카톡방에 별생각 없이 우리 아파트 지하에 첨단 시설을 갖춘 당구장이 생겼다는 글을 올렸다. 그랬더니 당장 한 선배의 답글이 올라왔다. "우리 존경스러운 선배님이 운영하시는 대대 당구장도 있는데, 다른 당구장 소개의 글을 올리는 것은 적절치 못한 처사입니다." 그 선배와는 친하게 지낸다. 그래서 당장 전화했다. "나는 벤치마켓의 차원에서 글을 올렸을 뿐입니다." 그 선배와는 서로 웃으면서 전화를 끊었다. 그런데 다른 문제가 발생했다. 내 친구가 답글을 달았다. 내 글이 예의가 없다고 한다. 그 친구는 평소에도 나를 못마땅하게 여겼다. 내가 고분고분한 성격은 아니다. 당장 반론의 글을 달았다. 그러자 어느 대선배님이 "이제 그만합시다"라고 글을 올려서 그것으로 끝이 났다. 나는 이곳저곳에서 찍힌다.

며칠 전에 친구들과 술을 마시면서 개인주의와 이기주의의 차이에 관한 이야기를 한 적이 있었다. 서구의 산업혁명과 더불어 분업이 발달함에 따라 자연스럽게 발생한 것이 개인주의라는 뒤르켐의 이야기였다. 사실 개인주의는 타인 존중을 바탕으로 한다. 분업의 현장에서 나만 소중한 일을 한다고 생각한다면, 그 분업은 절대로 효율적인 결과를 낳지 못한다. 내 일도 중요하고, 네 일도 중요하다. 그런 타인 존중을 바탕으로 발생한 개인주의가 "나만의 주장만 옳다"라는 이기주의로 변모하기에 문제가 발생한다. 이기주의는 존재에서 당위를 끄집어내는 꼴이다. 타인에 대한 존중은 뒷전이다. 내 생각만 옳은 것이 된다. 친구들은 가끔 자신의 신념을 지지해 주는 글들을 퍼 나른다. 합리적인 근거를 바탕에 둔 글인지에는 관심이 없다. 나는 친구들이 퍼 나르는 글 중에 불합리한 부분을 불합리하다고 말을 하는 편이다. 주로 정치 편향적인 글에 대해서 합리적인 반박을 한다. 결국 나는 좌파가 되어 버렸다. "너와 같이 인문학을 공부하는 친구가 내 친구여서 행복하다"라고 말하는 친구들도 있지만, 그렇게 생각하지 않는 친구들이 더 많다. 보수의 텃밭에서 살아가기가 쉽지만은 않다.

사공이 많으면 배가 어디로 갈까?

책상에 앉아서 독서하는 일 외에 특별히 하는 일이 없어서 금년 초에 주민자치회라는 조직에 가입했다. 풀뿌리 민주주의의 실천이라는 말이 좋아서였다. 주민자치회는 50명의 자발적인 참여자로 구성되어 있다. 50명의 단체가 움직이는 조직이기에 회장, 부회장, 감사 등을 투표로 선출했다. 투표하는 날에만 전체가 한자리에 모였고, 그 이후에는 모인 적이 없었다. 오미크론이 유행하고 있는 시기이기에 어쩔 수가 없었다. 얼마 전에 임원진의 회의 결과를 알려 주겠다고 해서 주민자치회의 사무실을 방문했다. 사무총장이라는 사람이 임원진의 회의 결과라고 하면서 월 회비를 3만 원이 좋은지, 5만 원이 좋은지 결정하라고 한다. 자다가 봉창 두드리는 소리로 들렸다. "주민자치회에는 5개의 소분과가 있지 않느냐? 회비가 필요하면 분과 모임에서 필요하지 전체 모임에 무슨 월 회비가 필요하냐? 전체 모임에 돈이 필요하면 차라리 소분과 모임의 지원을 받는 것이 합리적이지 않느냐?" "전체 모임에도 월 회비를 내시고, 분과 모임에도 월 회비를 내시면 되잖아요." "난 싫다. 싫으면 그만둬야 하나?" "그건 아니고 위원님의 뜻을 꼭 전하겠다." 그것으로 마무리되었지만 내 의견은 받아들여지지 않았다.

동네의 작은 모임뿐만 아니라 우리 주변의 크고 작은 모임에서 합리적인 의사결정 과정이란 것이 무시되는 경우를 간혹 볼 수 있다. 합리적인 의사결정 과정이란 안건을 상정하기 전에 안건에 대한 구성원들의 의견을 경청하는 과정이 있어야 할 텐데 그런 과정은 무시된다. 구성원들의 의견 경청이라는 것이 말은 쉽지만 임원진에게는 번거로운 일이기는 하다. 효율성을 앞세운다. "1안, 2안을 제시했잖아. 너희들은 둘 중에 하나를 선택하기만 하면 돼!" 그들은 사공이 많으면 산이 바다로 간다고 생각한다. 사공이 많으면 배가 빨리 갈 뿐이다. 배가 산으로 가는 것은 선장이 선장의 역할을 성공적으로 수행하지 못해서일 뿐이다. 일사불란이 그들의 입맛에 맞을 것이다. 아버님의 말씀이 떠오른다. "말이 많으면 빨갱이야!" 그런 시절이 있었다. 난 그런 아버님 밑에서 성장했지만, 아버님의 말씀을 반성적으로 생각한다. 경찰 간부이셨던 아버님은 아버님의 말씀이 곧 진리라고 생각하셨다. 그렇게 해야 그 당시 무소불위의 경찰 권력을 효율적으로 집행할 수 있었을 것이다. 생각의 다양성?

그 시절에는 귀신 씻나락 까먹는 소리였을 것이다. 어쩌면 우리는 아직도 그러한 문화의 영향을 받고 있는지도 모른다. 합법의 탈을 쓴 권력의 횡포에 대한 향수가 우리의 내면 깊숙한 곳에 자리 잡고 있는 것은 아닌지 생각해 본다.

내가 가입한 조그마한 문학단체에서도 유사한 일이 발생한다. 어떤 회원이 문학 단체의 발전을 위해 발행인이라는 사람에게 건의를 했다. 그런데 발행인은 그것을 간섭으로 받아들인다. "너나 잘해! 내 일은 내가 알아서 해!" 21세기에 저렇게 권위적인 생각을 가지고 있는 사람도 있구나! 문학 단체란 것이 원래 이런 곳인가? 문학단체에 낯선 나로서는 이해하기가 불가능했다. 최근에 이곳 문학단체가 발행하는 잡지 발행과 관련해서 큰 변화가 있었다. 난 회원들 전체 의견을 경청하기 위한 자리를 마련하고자 했다. 다양한 말들이 오고 갔다. 그런데 회장이라는 사람이 나 때문에 카톡방이 너무 시끄럽다고 한다. 하긴 몇 명 회원은 이곳이 이렇게 시끄러운 줄 몰랐다고 하면서 이 단체를 떠나겠다는 의사 표현을 했다. 난 급기야 이런 말까지 듣게 되었다. "시끄러우니깐 사람들이 떠나잖아요. 입 다물고 조용히 계세요." 난 더 이상 할 말이 없었다. "앞으로 전혀 관여하지 않겠다. 당신들끼리 알아서 잘하세요." 다양한 의견이 오고 가는 것을 소음으로 생각하는 것 같다. 회원들이 떠나는 근본 원인은 다른 곳에 있다. 분란의 근본 원인을 치유하기 위해서는 시끄러울 수밖에 없다. 조용히 집 안을 수리할 수 없지 않은가? 새롭게 집 안을 수리하기 위해서는 다양한 기계음을 들어야 한다. 자유로운 의사 표현이 단절된 곳에 무슨 문학적 상상력이 발휘될 수 있을까? 비 온 뒤에 땅이 더 굳어질 텐데! 나도 보따리를 싸야 할 준비를 해야 하는지도 모르겠다.

민주주의는 아테네에서 시작되었다고 볼 수 있다. 페르시아의 사신이 페르시아 황제에게 조공을 바치라고 아테네를 방문했다고 한다. 그때 아테네 시민들은 광장에서 각자 자신들의 주장을 이야기하면서 시끌벅적 떠들었고 몸싸움도 불사했다. 우리 국회의 난장판이 그곳에서 시작되었는지도 모른다. 페르시아 사신의 눈에는 그 모습이 어떻게 보였을까? 말 그대로 난장판으로 보였을 것이다. 시민들의 토론과 투표의 결과로 아테네가 조공을 거절했다. 결국 전쟁이 벌어졌다. 아테네의 승리로 끝이 났지만, 민주주의는 원래 그렇게 시끄러운 것인지도 모른다. 자유가 바탕에 깔려서 그렇다. 다른 한편으로는 사회가 복잡하게 발전할수록 관료에 의한 지배는 피할 수가 없다. 관료제는 합리성에 바탕을 둔다. 합리성은 효율성과 생산성에 의해 움직인다. 개인의 자율성이나 창조성과는 거리가 멀다. 결국 관료제의 합리화는 인간의 자유를 점점 더 구속할 감옥을 불러온다. 관료제가 구축되면 될수록 그 속에서 인간의 탈출은 허락되지 않는다. 우리는 민주주의와 관료제가 갖는 묘한 긴장관계 속에서 살아가고 있다. 그래서 한편에서는 자유라는 인간의 기본적 생각을 강조하면서도 또 한편에서는 일사불란이라는 효율성에 바탕을 둔 합리성을 강조한다. 자유는 충돌을 동반할 수밖에 없다. 여기에 중요한 물음이 존재한다. 나의 자유를 위한 충돌이 아니고, 너의 자유를 인정해 주는 충돌이 가능한가이다. 상호인정을 위한 투쟁이다. 그것이 쉬운 길은 결코 아닐 것이다. 하지만 우리의 밝은 미래는 상호인정을 통한 공동체의 형성에서 시작될지도 모른다. 악셀 호네트의 〈인정투쟁〉은 다시 한번 더 깊이 있게 읽어 보아야 할 책이다.

학자도 학자 나름인 세상

어제는 '위기의 한국 민주주의'라는 주제로 내가 좋아하는 사회학과 교수가 개최한 세미나에 참석했다. 발표자, 패널 포함해서 약 40여 명 참석한 것 같았다. 참석한 대부분이 서로 인사를 나누는 것을 보니 대학교수들이 많이 참석한 것처럼 보였다. 조금 일찍 도착한 나는 나누어 준 인쇄물을 읽어 보았다. 스텐퍼드대학의 신모 교수가 쓴 글이다. 글을 읽어나가면서 적지 않게 실망했다. 학문적인 입장에서 쓴 글이지만 지난 정권에 대한 비난과 함께 한국 민주주의의 위기를 논하고 있었다. 물론 지난 정권도 비난받아야 할 부분은 비난받아야 하지만, 일부는 비난을 위한 비난이라는 의구심이 들었다. 글의 내용 중에 공감 가는 부분도 있었다. 글은 활자화되어서 내가 읽는 대로 읽히지만, 말에는 화자의 감정도 함께 읽을 수 있기에 발표 내용을 경청하기로 하였다.

　발표자는 이 세미나가 학술적인 차원에서 세계적인 현상인 민주주의의 위기와 함께 한국 민주주의의 위기를 논한다고는 했지만, 주로 지난 정권의 비난으로 점철되었다. 첫 번째로는 자유주의의 빈곤을 이야기하면서 전 정권의 국수주의적 반일 주의를 언급하였다. 민족주의는 집단의 논리와 단결의 힘을 강조하는 부분이 있기는 하다. 민족주의가 우세하면 자유주의가 뿌리내리기 어려운 것은 인정한다. 그런데 과연 전 정부의 일본과 관련된 외교정책이 국수주의에서 비롯되었는지에 대해서는 쉽게 공감하기 어려웠다. 국가 간의 상호 인정은 매우 중요하다. 하지만 타국의 태도가 우리를 인정하지 않는다면 우리는 어떻게 해야 하나? 타국의 태도는 전혀 문제 삼지 않는 자세가 학문적인 자세인지는 잘 모르겠다. 일본의 태도는 언급하지 않고 전 정권의 자세가 국수주의적 반일주의라고 평가했다. 그것이 반 자유주의적인 민주주의의 위기라고 한다. 그러면서 전 정권은 대립과 분열의 정치를 하였다고 한다.

　두 번째로는 적폐 청산을 언급하면서 새로운 사회통합을 추구하지 않았다고 한다. 그것이 포퓰리스트적이라고 했다. 포퓰리스트에 대한 다양한 정의가 있다는 점은 이곳에서 밝히지 않겠다. 그러나 포퓰리스트를 떠나서 적폐는 당연히 청산되어야 마땅하다고 생각한다. 물론 저자는 하버마스를 언급하면서 낡은 질서를 해체하는

데 꼭 필요한 과제는 추진하되 가급적 빨리 마무리한 뒤 새로운 사회통합을 추구했어야 했다고 언급하고는 있다. 전 정권은 적폐 청산을 전 방위적으로 오래 지속하였다는 것이었다. 그러면서 다원적 자유민주주의를 위축시켰다고 지적한다. 적폐 청산을 조기에 완수하고 새로운 통합의 사회를 열었다면 더 좋았을 같기도 하다. 하지만 적폐 청산이 그렇게 쉽게 이루어질 수는 없다고 생각한다. 지난 정권이 그렇게 강조했던 적폐는 아직도 사라지지 않았다는 점은 도외시하였다. 그러면 학문적인 자세로 적폐 청산의 어려움을 지적해야지, 왜 적폐 청산을 조기에 마무리 짓고 새로운 통합을 열지 않았다고 비난해야 하는지 모르겠다. 그러면서 타협과 협치를 중시하지 않았다고 지적한다.

마지막으로 양극화의 위험을 언급하였다. 이 부분은 공감을 한다. 개인 간, 집단 간 상호 불신이 커지고 흑백논리와 진영논리가 득세하는 상황은 분명히 민주주의 후퇴의 징조이다. 사실 이 부분은 많은 사람이 공감하리라 본다. 저자는 "21세기 탈진실의 시대에는 객관적 사실보다 주관적 신념이 중요하다. 정치 문화적 정체성을 구성하는 주관적 신념은 경제적 이익 못지않게 시민들의 사고와 행위에 결정적 영향을 미친다."라고 지적하고 있다. 한국 민주주의의 위기는 이곳에 있다고 본다. 경제적 양극화뿐만 아니라 정신적 양극화가 한국 민주주의 위기일 가능성은 매우 크다. 저자는 그 원인이 반자유주의와 포퓰리즘으로 보고 있다. 하지만 나는 객관적인 사실을 전달하기보다 주관적인 감성을 부추기는 언론과 지식인들이 적폐의 온상이라고 생각한다. 자기반성이 없는 지식인이 결국은 적폐이다.

또 다른 발표자의 발표는 놀랍기조차 했었다. 판사로 근무하였고, 지금은 대학교의 법학과 교수라고 한다. 그 교수가 언급한 정치의 사법화, 사법의 정치화 모두 공감을 했다. 하지만 예로 든 사안들이 나로서는 놀라웠다. 지난 장부가 우리법연구회 사람들을 대법관으로 많이 임명했다고 한다. 그들이 전교조나 강제징용, 위안부 판결에 영향을 미쳤다는 것이었다. 그런 것들이 사법의 정치화라고 한다. 나는 우리법연구회가 무엇을 연구하는지는 잘 모른다. 다만 정의롭게 판결하려는 판사들의 움직임 정도로만 알고 있다. 만약 정의론을 쓴 존 롤스를 대법원 어느 자리에 임명했다면, 그것 역시 정치화인가? 만약 우리법연구회가 진정으로 정의로운 판결을 위한 법관들의 모임이라면, 오히려 박수를 보내야 하는 것 아닐까? 물론 이러한 나의 논리에는 문제가 없는 것은 아니다. 우리법연구회는 정의로운 단체일 것이라는 전제가 깔려 있기 때문이다. 그런데 나의 전제가 잘못되지 않았다면, 지난 정부의 대법관 임명은 사법의 정치화가 아니라 정의로운 사법체제 구축이라고 칭찬받아야 마땅하지 않을까? 그는 우리나라의 전관예우에 대해서는 한마디도 언급하지 않았다.

학자들의 이야기를 들으면 모두 그럴듯하다. 세미나가 재미있는 것은 패널들의 질문에 있다. 어제는 패널로 참석한 정치학과 교수의 이야기에 많은 부분을 공감했다. 우리나라의 민주주의는 발표자가 지적한 것만큼 위험하지 않다고 이야기하였다. 그러면서 제도적인 측면에서 사법부에 대한 신뢰가 무너지는 부분에서 다소의 위험은 있다고 지적한다. 정당한 지적이었다. 전관예우가 있는 한 신성가족은 무너지지 않을 것이라고 본다. 그것이 민주주의 적폐의 온상일지도 모른다. 정당에 대한 비판도 정당했다고 본다. 정당이 스스로 해결할 일들을 사법부에 전가하는 부분 역시 스스로의 권위를 차 버리는 꼴이라고 지적했다. 가장 공감이 가는 부분은 역시 정치 양극화에 대한 우려였다. 그는 시민교육의 중요성을 강조했다. 이 시대에 철학의 중요성을 다시 한번 더 생각하게끔 하는 대목이었다. 우리 사회에서 참된 정의는 무엇인가에 대한 나름대로의 공론의 장이 마련되어야 한다. 다름에 대한 인정, 다양성에 대한 인정, 공존을 위한 가치. 그 모두 철학적인 화두이다. 다시 한번 더 공론의 장에서 철학자들의 분발을 기대해 본다.

호랑이가 물러나자 늑대가 나타났다

여러 동물이 모여 사는 동네에 호랑이가 나타났다. 모두 호랑이가 무서워 숨죽이고 살았다. 호랑이 근처에 갈 수가 없었다. 그러는 사이에 호랑이 근처에 늑대가 꼬리를 흔들며 나타났다. 호랑이도 늑대가 싫지 않았다. 이용 가치가 있었기 때문이다. 호랑이는 늑대를 똘마니로 부려 먹었다. 호랑이가 무서워 호랑이 근처에 갈 수 없었던 많은 동물은 늑대가 호랑이의 똘마니인 줄을 몰랐다. 늑대는 호랑이가 없을 때마다 동물들 앞에서 우리가 힘을 합하여 호랑이를 물리치자고 외쳤다. 순진한 동물들은 늑대의 말을 믿었다. 그렇게 하여 동물들이 호랑이를 물리치기 위해 투쟁하였다. 많은 동물의 목숨이 희생되었고, 결국 호랑이는 물러났다. 동물들은 우리들의 세상을 맞이하였다고 환호했다. 그런데 착각이었다. 호랑이의 자리에 늑대가 등장했을 뿐이었다. 늑대들은 입으로만 우리를 외쳤을 뿐, 그들의 속셈은 호시탐탐 호랑이의 자리를 탐내고 있었던 것이었다. 늑대는 힘없는 동물들과 평화롭게 지내는 것에 별 관심이 없었다. 수많은 동물은 늑대를 믿고 따랐지만, 늑대의 속셈은 몰랐다. 뒤늦게 늑대의 속셈을 알아차린 동물들은 스스로 반성했다. "우리가 깨어있어야 한다. 우리는 호랑이도 물리쳤다. 늑대도 물리칠 수 있다. 우리는 연대해야 한다."

인류의 역사가 저와 비슷하지 않을까? 특히 식민지를 경험한 백성들에게 "호랑이가 물러나자 늑대가 나타났다."라는 말은 더욱 실감이 날것이다. 실재 우리의 역사가 그렇다. 일본이 패하여 이 땅에 해방이 찾아왔지만, 38도 이남에서 평화군이 아닌 점령군으로 미군정이 자리를 잡았다. 일제 식민지 상태에도 그렇지만 미군정 아래서도 미군정에 아부하는 세력들이 있었다. 그 당시 농민들의 삶은 일제 식민지하에서나 미군정의 통치 아래서나 큰 차이가 없었다. 농민들의 입장에서는 호랑이가 사라지자 늑대가 나타난 꼴이었다. 물론 농민들의 삶을 개선하자는 민족 지도자가 없었던 것은 아니지만, 미군정은 그런 사람들을 좋아하지 않았다. 38도선 이북도 상황은 비슷하였다. 소련이 간접 통치를 하고 있었으니 오십보백보였을 것이다. 약소 민족의 비애였다. 결국 나라가 분단되어 남한과 북한에 별도의 정부가 수립되었고, 남북전쟁이라는 참혹한 결과를 맞이하였다. 호랑이가 물러나자 뒤이어 등장한 늑대들 끼리 싸운

꼴이다. 그 과정 속에서 수많은 백성들이 피를 흘렸다.

그런데 한국 국민들의 저력은 참으로 대단하다. 이승만의 독재정치는 그 욕심이 너무 과하여 국민들이 이승만을 하야시켰다. 1960년 4.19 민주화 혁명! 민중의 위대함을 보여준 사건이었다. 뒤이어 등장한 박정희의 군사 독재는 스스로 무너졌다. 박정희는 이승만에 비해서는 공이 더 많은 지도자였다고 보인다. 과도 많았지만 그래도 경제를 살렸으니 공이 없다고 말할 수 없다. 그 이후에 등장한 전두환의 군사 독재는 1980년 5·18 광주민주화 혁명으로 그 힘을 잃었다. 그로부터 군인들의 독재 정치는 이 땅에서 사라지게 되었다. 1945년 8·15 해방 이후 35년 만에 민중들의 힘에 의해 이루어 낸 일이라고 생각한다. 그로부터 또 40여 년이 흘렀는데 지금 "우리의 민주주의는 건강한가?"라고 반문해 본다. 그런데 그리 흔쾌히 긍정할 수 없는 이 마음은 어디에서 비롯될까? 과거의 독재는 권력의 독재이고, 지금은 자본의 독재여서 그런가? 돈이 최고인 세상에 살고 있는 것은 맞는 것 같다.

70, 80년대 젊은 시절을 보냈던 나 같은 평범한 사람들에게 지난날은 그런대로 살만한 사회였다. 그 당시에는 취업도 쉬웠다. 특히 대학을 졸업한 사람들에게는 몇 군데 기업에 합격을 한 후에 골라서 직장을 선택했었다. 중학교, 고등학교, 대학교 진학을 위하여 시험을 쳐야 했던 세대였고, 그 당시에는 대학에 진학한 학생들이

30% 전 후였다고 기억한다. 지금과는 상황이 많이 달랐다. 대학을 진학하지 못한 친구들도 많았지만 그들 역시 지금 모두 평범하게 잘 살고 있다. 경제가 한창 성장하던 시대였기에 가능한 일이었을 것이다.

 오늘은 첫째 딸과 손자를 병원에 태워다 주었다. 병원이 딸의 근무지였기에, 병원의 유아원에 손자를 등원시켰고, 딸의 출근을 도와주었다. 아침 8시경이었는데, 유아원 주변에 차들이 즐비하게 줄을 서 있었다. 차에서 내리는 사람들이 모두 엄마와 아이들, 아빠와 아이들이었다. 출근길에 아이를 유아원에 데려놓고 출근하는 엄마, 아빠들이었다. 불현듯 이런 생각이 들었다. "참으로 열심히들 사는구나!" 우리 때에는 아빠 혼자 돈을 벌어도 살아갈 수 있었는데 요즘은 불가능하다는 것을 잘 알고 있다. 사실 옛날에는 돈을 쓸 일이 그리 많지 않았다. 직장 상사가 삐삐로 호출을 하면 공중전화기에서 전화를 하던 시절이었다. 지금은 모두 핸드폰 사용은 물론이고, 주변에 돈을 써야 할 곳들이 너무도 많다. 그만큼 돈을 많이 벌어야 하니, 참으로 젊은이들의 삶이 쉽지 않다는 것을 느낀다. 저들의 삶에 도움을 줄 수 있는 사회가 되면 좋을 텐데 걱정이 앞선다. 우리의 사회는 건강한가? 건강한 사회를 만들기 위해서는 시민들의 연대가 필요하다. 식민지도 극복했는데, 독재도 물리쳤는데, 국민들의 연대로 못할 일이 없다. 오늘 아침에는 연대를 갔었다. 딸의 출근을 도와주기 위해서이다.

3

푸른 꿰매다

리좀적 사고

'대깨문'때문에 시끄럽다. 대가리 운운하는 것 자체가 그리 듣기 좋은 말은 아니다. 여당 당대표가 야권에서 자기들 당원 중 일부를 비난하는 '대깨문'이란 용어를 그대로 사용했다고 한다. 제정신인지 모르겠다. 만약 야당 당대표가 "꼴통들이 정신 차려야 우리가 집권할 수 있다."고 했다면 야당 당원들의 반응이 어땠을까? 다행히 야당 대표는 그런 말을 하지 않았다.

꼴통, 대깨문, 더 나아가서 닭대가리 등등은 다양성을 인정하지 못하고 편협한 사고를 가진 사람들을 지칭하는 말들이다. 우리 사회의 한 단면을 드러내는 말인지도 모른다. 다양성을 인정한다는 것이 쉬운 일이 아니다. 나는 60대 경상도 사나이다. 태극기부대가 연상될지도 모른다. 사실 내 친구들 중 일부는 태극기 집회에 참석한다. 반대로 난 서초동 촛불집회에 참석했다. 정치적으로 큰 뜻이 있어서가 아니다. 검찰 권력의 남용이 한 가정의 행복을 파탄에 이르게 하는 불의에 저항하는 실천적 행동일 뿐이다.

최근에 내가 가입한 문학 동우회에서 나로 인한 큰 소동이 있었다. 내가 소속된 단체의 회장이 나를 기획위원장으로 임명했는데, 내가 속한 문학 단체를 만든 사람이 나를 인정하지 않겠다고 한다. 나는 그 사람의 심정이 이해가 된다. 그는 그동안 자신이 만든 문학 단체의 모든 임원을 자신이 선정했다. 그런데 본인의 허락도 받지 않고, 더군다나 본인의 생각을 반대하는 움직임을 보이는 나에게 감투를 주는 꼴이 달갑게 여겨지지 않았을 것이다. 평생을 그렇게 생각하고 살았는데, 그것이 쉽게 바뀔 수가 있겠는가? 인지도식의 변화는 쉽게 일어나지 않는다. 절이 싫으면 중이 떠나면 되듯이, 개인이 속한 단체는 그 단체와 뜻이 맞지 않으면 떠나면 그만이다. 그런데 우리 사회는 그렇지 못하다. 이 사회가 싫다고 산 속으로 칩거할 수도 없는 노릇이다. 그래서 수많은 지식인들이 이성의 비판적 기능을 강조하고, 실천의 중요성을 강조한다.

우리 사회는 지나치게 경직되어 있다. 이것 아니면 저것이다. "내 생각은 이렇다."라고 이야기해도 "네 말만 맞느냐?"라고 반응한다. 내 생각만 옳다고 이야기한 것이 아니라, 내 생각을 이야기했을 뿐인데도 그렇게 반응한다. 내 생각이 자신의 견해와 다르면, 자신의 생각을 이야기해서 서로 소통하면 된다. 우리 사회에서는 그런 소통이 잘 이루어지지 않는다. 주입식 교육만 받았고, 토론식 교육을 받지 못해서 그런지도 모른다. 60대 이상의 기성세대에서는 소통의 문화란 것이 없는 사회에 살았다고 해도 지나친 말이 아닐 것이다.

얼마 전에 나에게 심리상담을 받는 친구에게 이야기했다. "리좀적 사고를 생각해 봐라!" 리좀적 사고는 뿌리가 하나로 되어 있는 것이 아니라, 수많은 뿌리가 얽혀있는 구근식물들의 뿌리와 같은 사고이다. 인간의 뇌도 수많은 뉴런의 돌기들로 구성되어 있다. 생각과 행동들은 돌기들의 부딪힘의 결과이다. 리좀적 사고는 다양하면서도 유연한 사고를 이끌 수 있다. 편협한 인지도식을 넓혀야 한다. 다양화시켜야 한다. 대깨문, 꼴통, 닭대가리란 용어가 사라지면 그날이 올 수 있을지도 모르겠다.

동물농장과 푸코

"돼지가 사람인지 사람이 돼지인지 분간할 수 없었다." 조지 오웰의 동물농장 마지막 구절이다.

소설의 첫 시작은 수돼지 메이저 영감의 이야기로부터 시작된다. 메이저 영감은 동물들의 삶은 비참한 노예 상태에 있고, 인간만 몰아내면 모든 동물은 부유해지고 자유로울 수 있다고 반란을 부추긴다. 메이저 영감의 연설로 몇몇 동물들이 반란을 준비한다. 나폴레옹과 스노우빌이라는 수돼지가 반란의 주동자이다. 그들은 농장 주인이 술에 취해 잠든 틈을 타서 반란을 일으켰다. 동물들이 승리했다. 농장은 그들의 것이 되었다. 그래서 '매너농장'을 '동물농장'이라 이름을 바꾸었다. 그들은 모든 인간은 우리의 적이고, 모든 동물은 우리의 동지라고 외친다. 두 발로 걷는 자는 모두 자신들의 적이 된다. 나아가서 모든 동물은 평등하다고 외친다. 모두 메이저 영감이 이야기한 것을 실천에 옮긴 것이다. 메이저 영감은 그것 이외에 인간과 교류하지 말고, 인간의 침대를 사용해서는 안 되고, 술을 마시지 말라고도 하였다.

이 소설은 동물들의 지도자로 등장하는 나폴레옹과 스노우빌의 대립에 초점이 맞춰져 있다. 스노우빌이 성실한 이상주의적 기질이 있다면, 나폴레옹은 야비하면서 현실주의적 기질을 가졌다. 스노우빌은 복지와 생활에 필요한 기술 습득, 각종 위원회를 통한 교육에 관심이 있었다. 하지만 나폴레옹은 큰 동물들보다 어린 동물들의 교육이 훨씬 더 중요하다고 생각했다. 그래서 그는 갓 태어난 건강한 강아지 아홉 마리를 어미로부터 격리하여 자신의 심복으로 만들어 버렸다. 나폴레옹의 권력욕은 이것이 시작이었다. 나폴레옹은 사사건건 스노우빌과 마주친다. 반대를 위한 반대이다. 스노우빌 생각이라면 무조건 반대했다. 스노우빌이 풍차를 건설하자고 하자, 나폴레옹은 쓸데없이 시간만 낭비한다고 반대했다. 결국 동물농장은 풍차를 건설하여 주당 3일 노동을 실현하자는 스노우빌파와 넉넉한 밥그릇이 우선이라는 나폴레옹파로 나뉘었다. 투표로 풍차 건설을 결정하자고 했지만, 나폴레옹은 자신의 심복으로 만든 아홉 마리의 개들을 풀어 스노우빌을 농장에서 쫓아내 버렸다.

동물농장에는 공포가 감돌았다. 나폴레옹은 더 이상 회합이나 토론은 없다고 발표했다. 동물 중에는 나폴레옹의 처사에 반감을 표한 동물도 있었지만, 그때마다 언변이 뛰어난 스퀼러가 등장하여 그들의 항의를 무력화시켰다. 스퀼러는 스노우빌은 나쁜 지도자고 나폴레옹이 진짜 훌륭한 지도자라고 추켜세운다. 그리고 "용감한 것만으로 충분하지 않고 충성과 복종이 그보다 더 중요하다"고 동물들을 설득한다. "규율, 동무들! 철통같은 규율입니다. 그것이 오늘의 표어입니다." 그의 말에는 아무도 반론을 제시할 수 없었다. 충실한 일꾼인 복서마저 "나폴레옹은 항상 옳다"고 마음속으로 다짐하게 만들었다. 다른 동물들이 이견을 보이면 양들이 나타나서 "네 다리는 좋고 두 다리는 나쁘다."를 몇 분 동안 외쳐대어서 논쟁을 불가능하게 만들었다. 그렇게 나폴레옹은 권력을 잡았다.

나폴레옹은 현실의 잘못된 모든 것은 모두 스노우빌의 탓으로 돌렸다. 심지어 인간들의 농장 탈환을 위한 공격을 훌륭히 막아냈던 스노우빌을 인간과 내통한 배신자로 몰아붙였다. 그리고 스노우빌을 지지했던 동물들을 처단하기 시작했다. 이제 그들 앞에는 평등이 있을 수 없었다. 그리고 새로운 위계질서가 마련되었다. 권력층에 포함되지 않은 동물들은 숨만 죽이고 살아가야 했다. 반대했다가는 곧바로 처형당하게 되었다. 나폴레옹은 점차 인간과의 상거래를 시작하였고, 인간의 삶을 추구하였다. 인간의 집에서 살고, 술도 마시며, 인간들을 초대하여 파티도 여는 한편 자신의 적들을 모조

3. 푸코를 꿰매다 | 155

리 처단하기 시작했다. 초기에 내세웠던 슬로우건도 조금씩 변하기 시작했다. '어떤 동물도 침대에서 자서는 안 된다.'가 '어떤 동물도 이불을 덮고 자서는 안 된다.'로, '어떤 동물도 죽여서는 안 된다.'가 '어떤 동물도 이유 없이 다른 동물을 죽여서는 안 된다.'로, '어떤 동물도 술을 마셔서는 안 된다'가 '어떤 동물들도 술을 지나치게 마셔서는 안 된다.'로 '네다리는 좋고 두 다리는 나쁘다'가 '네다리는 좋고 두 다리는 더 좋다.'로! '동물농장'도 다시 '매너농장'이라고 부르기로 한다. 그들은 그렇게 인간을 닮아갔다.

여기서 푸코가 생각났다. 조지 오웰이 푸코의 이론을 선취하지는 않았겠지만, 푸코의 권력에 관한 생각이 조지 오웰의 동물농장에 스며들어 있다. 푸코는 감시와 처벌에서 이렇게 이야기한다. 권력은 소유가 아니라 전략으로 이해해야 한다. 그래서 권력 지배의 효과는 배열, 조작, 전략, 기술 등에 의해 이루어진다. 그곳에 지식이 결부된다. 권력은 규율에 따라 인간을 예속화시킨다. 권력-지식은 인간을 순종하는 신체로 만든다. 권력이 제대로 행사되기 위해서는 감시를 빼놓을 수 없다. 효과적인 감시! 판옵티콘의 탄생이다. 동물농장에서는 스퀄러가 지식의 역할을 담당한다. 그는 나폴레옹의 모든 행동을 합리화시키고 규율을 강조한다. 나폴레옹은 반대자를 처단함으로써 동물들을 공포의 분위기로 몰아넣었다. 심지어 부모로부터 강아지를 격리시켜 자신의 심복으로 만들었다. 또한 양들은 나폴레옹을 찬양하는 기계에 불과했다. 권력은 그렇게 탄생했다.

소설에서는 그런 권력은 결국 타락한다는 것을 보여주고 있다.

　동물농장은 오늘날에도 한 번쯤 읽어볼 만한 책이다. 대화와 합의를 통하지 않는 권력은 쉽게 무너진다. 그런 권력을 선택하면 결국 국민만 불행해진다. 그래서 푸코는 권력 핵심에 있는 힘의 관계를 파악해야 한다고 한다. 오늘날의 권력은 법과 기술을 통해 행사된다. 권력의 규범화 과정에서 법조차 식민화하고 만다. 법으로 무장한 규범화된 권력의 탄생이다. 푸코의 〈감시와 처벌〉의 마지막 단락이다. "권력의 중심에 있거나 중앙권력 지향적인 사람들 틈에서 으르렁거리며 싸우는 소리를 들어야 한다." 정치는 전쟁이고, 법도 전쟁의 포화 속에서 탄생했다. 돼지를 닮은, 아니 동물농장의 나폴레옹을 닮은 정치인은 이 땅에 존재하지 않기만을 기대한다.

민족 통일국가의 꿈

1947년 7월 19일 여운형이 혜화동 로터리 근처에서 살해되었다. 의문의 경찰차가 여운형의 차를 가로막았고, 그 순간 여운형은 암살되었다. 여운형의 경호원은 범인을 뒤쫓았지만, 경찰에 의해 제지당했다. 며칠 후 경찰은 범인을 검거했다고 발표했지만, 그 사건은 그것으로 종결되었다. 민족의 독립과 통일국가의 수립을 위해 일생을 바친 사람에 대한 암살이었는데, 경찰은 더 이상 암살의 배후를 밝히려고 하지 않았다. 현대사를 전공하는 역사학자들은 아직도 그 배후를 밝히지 못한다. 추측만 할 뿐이다. 어쩌면 밝히지 않으려고 할지도 모른다. 그 배후가 아직도 우리 정치에 명맥을 이어가는 한에는 여운형의 암살 배후는 결코 밝힐 수 없는 역사적 사건이 될 것이다. 잘못에 대한 단죄가 없는 사회에서는 악의 뿌리를 제거할 수 없다. 그 악의 뿌리가 아직도 명맥을 이어간다는 슬픈 현실이 안타까울 뿐이다. 우리의 비극은 아직도 진행형이다. 1947년 8월 3일에 거행된 장례식에는 수많은 인파가 몰려들었다. 여운형의 죽음에 슬픔을 같이 한 그들의 염원 역시 민족의 독립과 통일국가의 수립이었을 것이다. 하지만 그러한 대중들의 열망은 정치권에 수렴되지 않았다. 해방 이후의 한국은 극우와 극좌 성향의 정치인들에 의해 나라의 운명이 결정되었다. 여운형의 죽음과 함께 민족 통일국가의 꿈도 종말을 맞게 되었다.

우리의 역사에서 여운형은 새롭게 조명되어야 할 인물로 보인다. 그는 1940년대 초반에 일본의 패전을 예상하고 건국동맹이라는 조직을 만들었다. 그리고 해방 2년 전부터 조선해방민족연맹을 만들어 해방을 준비했고, 그다음 해에 건국동맹을 조직했다. 이것이 건국준비위원회의 모체가 되었다. 해방과 더불어 여운형의 노력은 대단했다. 해방 다음 날 만들어진 건국준비위원회를 중심으로 주체적으로 해방을 맞이한 것이다. 여운형은 총독부로부터 치안을 유지해 달라는 부탁을 받았으나, 그는 치안 유지뿐만 아니라 행정권 이양은 물론이고 정치범 석방까지 요구했다. 여운형의 발 빠른 움직임으로 다음 날 서대문형무소에서 풀려난 독립투사들은 서대문에서 종로까지 거리 행진을 했다. 그때야 대중들은 해방의 기쁨을 절감하게 되었다. 여운형은 1945년 8월 16일 감격의 첫 연설을 했다. "이 땅에 합리적이고 이상적인 낙원을 건설하자. 개인적 영웅주의는 모두 버리고 끝까지 집단적으로 일사불란의 단결로 나아가자." 그는 선거를 통한 민주주의로 나아가야 한다고 생각했고, 전체주의적 운동 방식에는 동조하지 않았다. 그가 생각하는 이상적인 낙원은 경제적 해방과 자유, 평등 이념을 확대하고자 했다는 측면에서 서구의 사회민주주의와 유사했다. 또한 자주적 민족국가 건설을 위해서 민족의 대동단결을 외쳤으며, 좌우의 구별은 무의미하고, 일부의 반 민족세력을 제외하고 모두를 통합하려고 하였다. 하지만 그의 꿈은 좌절되었다. 우익들이 협조하지 않았다. 미군의 진주 소식을 접하면서 중경임정 추대를 주장하며 독자 세력화에 나섰다. 미군정도 한반도에서 하나가 된 통일국가를 원하지는 않았다.

1943년 11월에 개최되었던 카이로 회담에서 보인 한국을 바라보는 강대국의 시선은 한국인들이 자치능력이 없다는 것이었다. 그래서 적절한 시기에 한국의 자유와 독립을 회복시키고자 했다. 그러한 강대국들의 시선이 1945년 12월 모스크바 회의로 이어졌다. 모스크바 회의는 소련의 안을 중심으로 합의가 이루어졌다. 소련의 안은 미소공동위원회를 개최하여 한국의 정당과 사회단체를 참여시켜 임시정부를 구성한 후에 이 임시정부와 협의해서 5년간의 신탁 기간을 거치자는 것이었다. 미국의 안은 향후 10년간 신탁통치를 하자고 하였고, 그들의 계획에는 빠른 시일 내의 한국의 독립은 없었다. 결과적으로 모스크바 회의의 주요 내용은 소련의 안을 중심으로 한 공동위원회 구성, 임시정부 수립, 신탁통치 실시였다. 그들은 건국준비위원회의 활동이나 독립을 위해 끝까지 투쟁을 한 임시정부의 존재를 인정하지 않았다. 더욱 통탄해야 할 사건은 모스크바 회담의 내용을 허위로 보도한 동아일보의 폭거이다. 한민당의 기관지였던 동아일보는 실제와는 달리 미국은 즉시 독립을 주장하였고, 소련이 신탁통치를 주장했다고 왜곡 보도했다. 진정한 반탁은 우리는 즉시 독립할 능력이 있고, 우리의 능력을 부정하는 외세를 배격하겠다는 논리이어야 했다. 하지만 남쪽의 정치 지도자들은 소련이 오히려 신탁을 찬성했다고 보도함으로써 반탁=반소=반공의 논리로 둔갑시켜 버렸다. 그로 인하여 한반도는 친탁, 반탁의 논쟁으로 말미암아 쑥대밭이 되었다. 자신들의 이익을 위하여 사실을 왜곡 보도하고, 그에 부응하여 삶의 에너지를 엉뚱한 곳에 쏟아 붙는 대중들의 모습을 상상하면서 왈칵 울음이 북받쳐 올랐다. 오늘날의 현실과도 별다른 차이가 없어서이다. 자신의 권력을 쟁취하기 위한 여론 조작의 뿌리가 그때부터 시작되었던 것 같다.

이 시점에서도 여운형의 목소리는 남달랐다. 1946년 1월 16일 자 조선일보의 글을 실었다. "탁치라는 문제를 정확히 파악치 못하고 대중을 어지럽게 하는 것은 큰 과오다. 과거에는 정당 싸움으로 민중을 두 갈래로 분립시켰던 것을 이번엔 탁치를 이용해 민족을 재분열시킨 것은 중대한 과실이다." 여운형은 1월 17일 인민당 주도하에 4당 대표를 한자리에 모이게 하였고, 4당 공동성명을 발표하게 되었다. 다음은 4당 공동성명의 내용이다. "조선 문제에 관한 모스코바 삼국 외상회의 결정에 대해 조선의 자주독립을 보장하고 민주주의적 발전을 원조한다는 정신과 의도는 전적으로 지지한다. 신탁문제는 장래 수립될 우리 정부로 하여금 자주독립의 정신에 기해 해결케 한다." 4당 공동성명은 해방 후 주요 정당이 합의에 성공한 첫 번째 사례였다. 하지만 이 순간에도 우익 진영은 모든 합의를 뒤집었다. 여운형의 노력은 여기서도 좌절되었다. 그 이후 진행되었던 미소공동위원회의 결과도 각 국의 입장 차이만을 확인하는 자리가 되었고, 결국 2차 미소공동위원회의도 무산되게 되었다. 여운형 역시 좌우합작을 위해 끝까지 노력을 아끼지 않았으나 그의 꿈은 실현되지 않았다. 여운형의 암살 후에도 김구와 김규식의 좌우합작을 통한 통일국가의 꿈을 실현하려는 움직임도 있었지만, 그 꿈 역시 이루어지지 않았다. 결국 나라는 분단되었고, 같은 민족끼리 싸우게 되는 슬픈 운명을 맞이하게 되었다.

분쟁은 상이한 언어와 판단 규칙을 가진 사람들 사이의 갈등과 소통 불가능성을 일컫는 말이다. 이러한 분쟁에는 은폐가 작용하고, 한쪽의 주장만 남게 된다. 한쪽의 주장은 하나의 폭력으로 작용한다. 한반도의 해방 이후 미국과 소련의 분쟁도 마찬가지이고, 그에 편승된 우리 정치인들의 좌우 분쟁도 마찬가지이다. 합일점이라고는 찾을 수 없고, 서로의 주장 속에서 은폐와 폭력만 난무했다. 일본 제국주의가 패망한 후에 자주독립을 소망했던 통일전선 세력은 정치적으로 도태되었고, 분단지향 세력이 외세에 영합하면서 정권에 접근해 간 것이 우리의 진면목이다. 민족의 동질성을 재생시키려는 모든 노력은 계속 탄압받으면서 분단은 점차 고착되어 갔다. 그러한 분쟁은 아직도 지속되고 있다. 합리적인 의사소통은 진정으로 불가능한 일인가? 우리의 역사 속에서 보면 합리적인 의사소통은 불가능한 일이었다. 분쟁만 난무했다. 아직도 그렇다. 앞으로도 계속 분쟁으로만 정치를 풀어가야만 할까? 어두운 현실이다.

비곗덩어리

모파상의 단편소설 〈비곗덩어리〉는 1870년 보불전쟁을 시대적 배경으로 하고 있다. 프로이센 군대에 의해 점령당한 루앙이라는 도시에서 탈출하려는 10명의 사람들 이야기이다. 이 작품은 비곗덩어리라는 별명을 가진 한 명의 매춘부를 둘러싸고 전개되는 사람들의 편견과 위선, 이기심을 냉정한 시선으로 고발하고 있는 소설이다. 작품 속에 등장하는 10명의 사람들은 포도주 도매상인 루아조 부부, 방적공장 3개를 가지고 있는 라마동 부부, 그리고 브레빌 백작부부와 두 명의 수녀, 공화주의자 코르뉘데로, 비곗덩어리란 별명을 가진 매춘부가 그들이다.

소설 도입 부분에 다음과 같은 문장이 있다. "세 부인은 이 파렴치한 창녀 앞에서 합법적인 아내들로서 위엄 있게 행동해야만 했다. 합법적인 사랑은 자유로운 사랑에 대해 언제나 경멸의 눈길을 보내니까." 작가는 매춘부가 왜 파렴치했는지에 대한 아무런 설명은 없지만, 이 표현으로 세 부인은 매춘부에 대해 강한 거부감이 있음을 파악할 수 있다. 또한 그들의 남편들은 사회적 지위는 달랐지만, 돈에 관해서는 공감대가 있었다. "세 남자는 사회적 지위가 다름에도 불구하고 돈으로 인해 형제와 같은 공감대를 느꼈다. 가진 자들, 반바지 주머니에 손을 넣고 금화 쩔렁거리는 소리를 내는 자들의 위대한 동지 의식을 느꼈다." 이러한 표현으로 소설에 등장하는 세 쌍의 부부는 매춘부와는 다른 계층의 사람들이라고 할 수 있을 것이다. 모든 사회에 계층이 존재한다면 그들은 기득권 계층일 것이다. 기득권층의 여성이 갖는 매춘부에 대한 부정적인 생각과 돈과 결부된 기득권들의 결속력은 지금도 유사하다.

사건은 배고픔으로 시작되었다. 마차가 눈구덩이에 빠지는 바람에 오후 세 시가 되도록 점심을 해결하지 못했다. 남자들이 주변에 있는 농가에도 가보았지만 빵 한 조각도 구할 수 없었다. 마침 비곗덩어리가 준비한 음식이 있었다. 세 명의 부인들은 매춘부에 대한 경멸감으로 처음에는 음식을 거부했다. "그녀를 죽여 버리든가 그녀와 술잔, 바구니, 음식을 마차 밖 눈 속으로 던져 버리고 싶어질 정도였다." 반면에 장사꾼인 루아조는 "부인은 우리보다 준비성이 있으셨군요. 모든 일에 항상 생각이 깊은 사람들이 있지요"라고 하면서 칭찬을 아끼지 않았다. 매춘부는 친절함과 예의가 없지 않았다. 그녀는 자신이 준비한 음식을 모두 함께 나누자고 권하기까지 하였다. 삶의 방식과 인간성은 별개의 것일지도 모른다. 그렇게 그들은 매춘부가 준비한 음식을 함께 나누어 먹었다.

음식을 먹고 나서 자연스럽게 개인적인 이야기가 시작되었다. 매춘부는 프로이센 군인들이 죽이고 싶도록 싫었다고 했다. 그래서 실제로 자기 집에 온 프로이센 군인을 목 졸라 죽이려고 시도했었고, 그 일로 인하여 루앙을 떠나게 되었다고 했다. 사람들은 그녀의 그런 용감한 행동에 칭찬했다. 또한 공화주의자 코르뉘데는 나폴레옹 3세를 비난하는 웅변을 하였다. 그러나 매춘부는 보나파르트 파였기에 코르뉘데의 웅변에 화를 냈다. 그때 백작이 개입해서 흥분한 매춘부를 진정시키기는 장면도 등장한다. 작가는 다음과 같이 표현하고 있다. "백작 부인과 공장주의 아내는 상류사회 사람들이 공화세에 대해 품는 불합리한 증오심과 여자들이 위엄 있고 전제적인 정부에 품는 본능적인 애정을 모두 지니고 있었기에, 자기들과 너무도 유사한 감정을 지닌 이 품위 있는 매춘부에게 자기도 모르게 호감을 느꼈다." 이 부분은 오늘날의 시각으로 보아도 여전히 의문이 가는 대목이기도 하다. 매춘부인 비곗덩어리가 왜 보나파르트파인 것은 이해하기가 쉽지 않다. 어쩌면 우리 사회에서 돈 없고 가난한 사람들이 애국심이 더욱 투철하면서 보수당을 지지하는 것과 유사할지도 모른다.

다음 사건은 토트 지방에 도착해서 발생한다. 호텔 앞에 마차가 도착하였고 독일군 장교가 그들의 여행 허가증을 조사하면서 독일군 장교가 매춘부에게 관심을 갖게 된 것이었다. 처음에는 면담을 요청했었다. 그러나 프로이센 군인들을 싫어하는 그녀는 독일군 장교의 요청을 거절을 했었다. 그들은 다음 날 아침에 출발하려고 하였으나 독일군 장교가 그들의 출발을 허락하지 않았다. 독일군 장교는 매춘부와 하룻밤을 보내고 싶었던 것이었다. 매춘부의 마음에 변화가 없는 한 그들은 그곳을 떠날 수 없게 되었다. 처음에는 세 명의 부인들도 독일군 장교를 비난했고, 매춘부에게 동정을 표했다. 그다음 날도 그들은 출발할 수 없었다. 점차 사람들의 마음이 바뀌기 시작했다. 그다음 날도 상황은 마찬가지였다. 루아조는 매춘부만 남겨 놓고 다른 사람들은 떠나게 해달라고 장교에게 부탁해 보았지만 거절당했다. 점차 그들은 매춘부를 비난하기 시작했다. 루아조 부인은 "저 매춘부는 그 짓을 하는 게 직업인데 이 사람은 좋고 저 사람은 싫다고 주장할 권리가 없다고 생각해요."라고까지 이야기했다. 루아조는 매춘부의 손발을 묶어서 적에게 넘겨주자고까지 했다. 백작은 "그 여자가 스스로 결심하게 해야지요."라고 점잖게 이야기했지만, 결국 그들은 음모를 꾸미기 시작했다. 모두 그녀를 설득하기로 한 것이었다. 매춘부에게 관심이 있었던 코르뉘데만 이 음모에 가담하지 않았다.

그들의 음모는 자기희생을 강조하면서 그녀를 설득하는 것이었다. 클레오파트라에 대한 언급, 육체를 이용하여 정복자를 지배한 여인들, 복수와 헌신을 위해 자신의 순결을 바쳐 남성들을 굴복시킨 여인들, 여자가 이 세상에서 해야 할 유일한 일은 끝없는 자기희생이라는 이야기까지 등장했었다. 백작부인은 늙은 수녀에게 물었다. "죄악으로 여겨지는 행동을 했지만, 신의 영광이나 이웃의 이익을 위한 행동이었기에 교회가 그 큰 죄를 쉽게 용서한 것을 어떻게 생각하시느냐?" 늙은 수녀는 목적이 수단을 정당화한다는 장황한 설교까지 했다. 늙은 수녀의 태도는 오늘날 자신들의 목적을 위하여 학문을 수단으로 전락시키는 지식인들과 유사할지도 모른다. 수녀는 또한 자신들은 천연두가 걸린 수백 명의 병사를 간호하려고 가는 길이라고 이야기했다. 이런 모든 이야기가 매춘부의 마음을 흔들어 놓았다. 또 그렇게 하룻밤이 지나간 후에야 드디어 매춘부는 마음을 바꾸게 되었다. 그날 저녁 그녀는 독일군 장교의 요구를 허락하게 되었다. 자기희생을 강요당했다는 표현이 적절할 것 같았다.

그 사실을 알게 된 일행들은 모두 신이 났었다. 샴페인을 마시면서 "우리의 해방을 위해 건배!"를 외쳤다. 공화주의자 코르뉘네만 그들과 생각이 달랐다. "당신들 모두에게 말하겠는데, 당신들은 비열한 짓을 저지른 거요!" 아무튼 다음 날 아침에서야 그들은 모두 그곳을 떠날 수 있게 되었다. 모든 여행자가 환희에 차서 나머지 여정을 위해 음식도 준비했었다. 그들 앞에 매춘부인 비곗덩어리는 조금 당황하고 부끄러워하면서 나타났다. 그런데 일행은 모두 그녀를 알아보지 못한 것처럼 얼굴을 돌렸다. 백작은 품위 있는 태도로 아내의 팔을 잡고 그 불결한 여자의 접근으로부터 그녀를 떼어 놓았다. 모두 그녀가 치마에 무서운 전염병 균이라도 묻혀 온 것처럼 그녀를 멀리하려 했다. 그들의 출발을 위해 매춘부는 자신을 희생했지만 그들의 태도는 돌변했었다. 매춘부는 옆에 있는 모든 사람에게 분노를 느끼는 동시에, 위선에 가득 찬 그들 때문에 자신이 프로이센 장교의 애무로 몸을 더럽히고 굴복했다는 사실에 모욕조차 느꼈다.

소설의 마지막 사건이 우리를 더욱 화나게 만든다. 세 시간쯤 달린 후에 모두 배가 고팠다. 그들은 모두 자신들이 준비한 음식을 꺼내 먹었다. 매춘부는 음식을 준비하지 못했다. 그런데도 아무도 자신에게 음식을 권하지 않았다. 그녀는 화가 치밀어 올랐다. 첫날 자신이 준비한 음식을 함께 나누어 먹었던 사람들이었는데, 이제는 자신을 모르는 체하는 것이었다. 그들은 그녀를 불결하고 쓸모없는 물건처럼 대하는 것이었다. 그녀는 분노보다는 눈물을 쏟아냈다. 일행들의 태도는 냉담했다. 백작은 "어쩌란 말이오. 내 잘못이 아니잖소."라고 말하고 있었고, 루아조 부인은 승리의 미소와 함께 이렇게 중얼거렸다. "저 여자는 부끄러워서 우는 거예요!" 코르뉘데 조차 그녀에게 음식을 권하지 않았다. 대신에 그는 라마르세예즈를 휘파람으로 불렀다. 그 역시 매춘부의 육체를 탐했지만 일말의 양심은 있었다. 코르뉘데는 복수의 휘파람을 계속 불어 댔고, 다른 사람들은 그 노래가 진저리나고 약이 올랐지만 반복해서 들을 수밖에 없었다. "비곗덩어리는 여전히 울고 있었다. 이따금 노래 구절 사이에서 캄캄한 어둠 속에서 억누를 수 없는 흐느낌이 새어 나왔다." 이 소설의 마지막 대목이다.

이 소설에 등장하는 세 쌍의 부부, 공화주의자, 늙은 수녀는 우리 사회의 일부 계층 사람들의 모습과 유사하다. 세 쌍의 부부는 기득권들의 태도이고, 공화주의자인 코르뉘데는 무늬만 진보인 정치인의 태도이고, 늙은 수녀는 편파적인 지식인의 태도라고 말할 수 있다. 세 쌍의 부부와 늙은 수녀는 자신들의 탈출을 위해 매춘부의 희생을 강요했다. 그러나 희생을 강요당한 매춘부는 결국 철저하게 버려진 존재가 되었다. 그들을 위해 자신을 희생했음에도 불구하고, 그들은 오히려 그런 그녀를 배척했다. 쓰고 적당히 버려진 존재. 이것이 어쩌면 함께 살아가고 있는 오늘날 중하층 대중들의 운명일지도 모른다. 정치인들은 선거에 이기기 위해 진보든 보수든 모두 국민을 외치지만, 사실 그들은 자신들의 이익만을 추구할 뿐이다. 진보가 그나마 조금 더 대중을 생각할지는 모르겠다. 아무튼 선거가 끝나면 그들에게 국민은 관심 밖으로 사라져 버린다. 셈해지지 않는 존재가 존재한다. 그래서 대중은 슬픔을 안고 살아가는 존재일지도 모른다. 모파상의 비곗덩어리가 그렇다.

생각하는 백성이라야 산다

1976년에 발간된 '해방전후사의 인식' 첫 페이지에 이런 글이 나온다. "자주적이 못 되는 민족은 반드시 사대주의자들의 득세를 가져와 민족 윤리와 민족 양심을 타락시키고 민족 내분을 격화시키고 빈부 격차를 확대시키며 부패와 독재를 자행하여 민중을 고난의 구렁으로 몰아넣게 마련이다." 송건호의 글이다. 지금으로부터 50여 년 전의 글인데 지금 읽어도 그를 듯하다. 해방이후 하나 된 통일 조국을 만들지 못하고 빨갱이 논리를 앞세워 정권을 잡은 분단세력의 검은 그림자가 아직도 우리 주변에 맴돌고 있기 때문이다. 그들은 나를 따르지 않는 자들을 모두 빨갱이로 몰아붙여 정권을 잡았다. 해방 이후 분단에 이르기까지 내편, 네 편의 갈라치기가 심했었다. 명분을 앞세운 성리학적 태도가 그 뿌리라고 말하는 사람도 있을지 모르겠다. 하지만 나는 그렇게 먼 곳까지 가고 싶지는 않다. 다만 오늘날에도 명분을 앞세운 내편, 네 편 갈라치기로 인한 갈등들은 여전하다는 것을 말하고 싶을 뿐이다. 다양성을 인정하는 포스트 모더니즘적 사회에 살고 있는 오늘날, 우리는 아직도 갈라치기라는 악마와도 같은 검은 유령과 함께 살고 있다. 다양성을 인정한다고 해서 악을 악이라고 말하지 말라는 것은 아니다. 악을 악이라고 외치기 위해서는 진정한 자기반성이 필요하다. 진정한 자기반성이 없는 삶은 자주적이지 못한 삶이다. 그래서 우리는 악마의 유혹에 쉽게 넘어간다.

　오늘을 반성하는 차원에서 해방에서 분단까지 발생한 결정적인 몇몇 사건들을 간략히 살펴보고자 한다. 첫 번째가 제국주의 일본의 앞잡이들을 등에 업고 남한 사회를 지배한 미국의 태도이다. 미국은 38도 이남에 발을 내딛는 순간 자신들은 해방군이 아니라 점령군이라고 말했다. 점령군이었기에 그들의 눈에 비친 남한의 정치지도자들은 자신의 명령에 절대복종해야 하는 장기판의 졸에 불과했다. 점령군 책임자 하지 사령관은 김구를 자신이 끓이는 스튜의 소금이라고 말했다고 한다. 미군정은 해방 이후 자치적으로 남한 사회의 안정을 이루려고 하는 여운형이 이끄는 건국준비위원회를 인정하지 않았다. 그 대신 조선총독부에서 일본의 앞잡이 역할을 한 세력들을 중심으로 미군정을 꾸렸다. 일제 치하의 경찰조직도 그대로 이용했다. 가장 늦게 귀국한 김구가 이끄는 임시정부도 미군정은 인정하지 않았다. 결국 김구는 개인의 자격으로 귀국할 수밖에 없었다. 해방과 더불어 숨죽이고 살아야 했던 일제 부역자들에게 점령군 미국은 구세주 같은 존재였을 것이다. 이러한 미군정의 태도로 말미암아 남한 사회에서의 일제 부역자 제거는 이루어질 수가 없었다. 여운형, 김규식 등은 처음부터 끝까지 일제 부역자들을 제거하자고 노력했다. 하지만 그때마다 미군정과 이승만, 그리고 그 지지 세력들은 임시정부 수립이 우선이고 그 이후에 일제 부역자들 문제를 처리하고자 하였다. 미군정에 협조해야 한다는 서약을 하고 귀국한 김구 역시 일제 부역자 처리에는 미온적일 수밖에 없었다. 일제 부역자들을 조기에 제거하지 못한 우리의 역사가 이 땅에 기회주의자들의 온상을 만들어 주었다.

두 번째가 한반도를 둘로 갈라놓은 친탁, 반탁 운동이다. 우리 사회에서 반탁운동은 모스크바 회의에 대한 동아일보의 의도적인 오보로부터 시작되었다. 모스크바 회의는 미국과 소련의 입장을 적절히 뒤섞어서 만든 안이다. 그 중심은 한반도의 독립국가 승인을 위한 방안이었고, 그 속에 5년간의 신탁통치라는 문구가 있었다. 남한 사회에서의 분단된 정부를 꿈꾸었던 이승만과 그 지지 세력들은 5년간의 신탁통치를 물고 늘어졌다. 그 당시 소련은 김일성을 중심으로 한 북한 사회가 이미 자신의 편이었기에 굳이 신탁통치가 필요 없었다. 소련은 이미 간접 통치를 하고 있었다. 하지만 38도 이남을 점령한 미국의 입장은 달랐다. 남한 사회에서는 이승만과 지주 세력이었던 한민당, 그리고 임시정부의 세력, 남한 내의 사회주의적인 생각을 가지고 있었던 사람들, 소수였지만 공산주의적 생각을 가지고 있었던 사람들의 목소리가 함께 뒤섞여 하나의 목소리를 낼 수 없었다. 미국으로서는 그러한 남한 내에서 자신의 위치를 공고히 하기 위해서 신탁통치가 필요했었다. 하지만 동아일보는 사실을 의도적으로 왜곡 보도했었다. 미국은 즉시 독립을 주장하였으나, 소련이 신탁 통치안을 주장했다고 왜곡된 보도를 했다. 반탁은 그렇게 시작되었다. 신탁 통치를 반대하는 것은 공산주의를 반대하는 것이고 소련을 반대하는 것으로 둔갑하였다. 신탁 통치가 자신들의 안이었던 미군정 입장에서 보면 한국의 정치판이 한심하기 짝이 없었을 것이다. 동아일보는 한민당의 기관지였다. 그들은 그렇게 하여 한국 사회에서 권력의 주도권을 잡아가기 시작했다. 권력은 잡았을지 몰라도 한국 사회는 분열되었다. 거짓된 보도가 악의 축이었다.

세 번째가 김구의 태도이다. 오늘날 김구는 한반도에 하나 된 통일 조국을 건설하기 위해 노력한 위대한 사람으로 평가받고 있다. 그것은 부정하는 것은 아니다. 하지만 김구의 태도에는 문제가 있었다. 그는 민족의 단합을 외쳤지만, 임시정부가 중심이 되어야 한다는 자기 고집을 버리지 않았다. 그는 지나치게 임정법통론을 주장했었다. 해방 초기에 이승만과 김구의 회동이 있었다. 그 당시 이승만은 독립촉성중앙협의회를 중심으로 하나로 뭉치자고 했고, 김구는 상해임시정부를 중심으로 하나로 뭉치자고 했다. 그 둘은 결국 하나로 뭉치지 못했다. 김구와 이승만의 정당 통일운동이 실패하자 여론의 관심은 김구와 여운형의 협상으로 쏠렸다. 여운형은 좌우를 망라한 민족 통일전선 정부를 꿈꾸고 있었기에 여운형과 김구의 협상이 성공적으로 끝이 났다면 한반도는 지금과는 완전히 다른 세상이 되었을 것이다. 하지만 역사는 민중의 기대대로 움직이지 않았다. 그 회동도 역시 실패로 끝이 났다. 역사의 시곗바늘은 분단의 길로 줄달음쳤다. 1946년 3월에 개회되었던 제1차미소공동위원회가 무기한 휴회가 되자 6월 3일에는 이승만의 정읍발언이 있었다. 남한 내에서의 단독정수 수립하겠다는 발언이었다. 그 이후에야 김구는 뒤늦게 여운형과 김규식이 펼치고 있었던 남북 통일 정부를 내세우자는 좌우합작운동을 지지했다. 그렇게 세월은 흘러 남한 내에서의 단독정부 수립이 눈앞에 다가오자 김구는 김규식과 함께 남북요인회담을 하고 분단을 막기 위한 노력을 아끼지 않았다. 하지만 이미 강물은 저 멀리 흘러가고 난 이후였다. 김구가 만약 임정법통론이라는 자기 고집을 버리고 좀 더 유연한 자세로 조국의 통일을 위한 길을 걸었다면 한반도는 분단되지 않았을지도 모를 일이다. 가방끈이 길면 자기 고집이 하늘을 찌른다는 어느 철학자의 글이 생각나는 대목이다.

지금까지 일제 부역자, 언론의 여론 조작, 자기 고집이란 부분을 가지고 해방 직후의 우리 역사의 한 부분을 살펴보았다. 일제 부역자들의 제거가 있었다면, 잘못을 저지르면 반드시 처벌받게 된다는 사회적 인식을 심어 주었을 것이다. 하지만 우리의 역사는 그것을 하지 못했다. 결국 기회주의자들이 오늘날에도 우리 사회에 들끓게 되었다. 또 하나의 반성은 여론을 조작하여 자신이 권력을 잡으려고 하는 무리들에 대한 무비판적인 태도이다. 그 전통은 아직도 이어지고 있는 듯하다. 결국 자기 정당화가 판을 치게 되고, 성공한 쿠데타는 모든 것이 정당했다는 엉뚱한 말까지 떠도는 세상이 되었다. 또 하나의 반성은 자기 고집이다. 좀 더 유연한 자세로 타인과 협력했었다면, 즉 합리적인 의사소통이 있었다면 한반도는 분단되지 않았을지도 모른다. 한반도의 허리가 잘리더라도 자신의 욕심을 채우겠다는 분단 조장 세력들과의 싸움에서 승리하지 못한 김구의 리더십에도 한 편의 아쉬움이 남는다. 지금도 자기 고집만 내세워 내편 네 편의 갈라치기를 하는 지식인들이 있다. 명분에 휩싸인 갈등과 명분 뒤에 숨어 있는 권력에 대한 욕망! 결국은 민중들이 피해를 입는다. 1958년도에 쓴 함석헌의 글이 가슴을 때린다. "민중의 시대에 민중이 살아 있어야 할 터인데 민중이 죽었으니 남의 꼭두각시밖에 될 것이 없다." 생각하는 백성이라야 산다. 아직도 그 말이 유효한 세상에 우리는 살고 있다.

에밀 졸라 "나는 고발한다"

1898년 에밀 졸라는 드레퓌스 사건을 고발하는 〈나는 고발한다〉라는 글을 문학신문에 게재했다. 그의 글로 프랑스 사회는 양분되었다. 에밀 졸라는 우파 진영(반 드레퓌스 진영)으로부터는 살해 위협까지 받았다. 드레퓌스 진영에서는 사건의 진실을 밝히기를 원했다. 그는 살해위협을 피해 영국으로 피신하여야 했고, 드레퓌스 판결이 뒤집힐 수 있다는 소식이 전해지고 난 이후에야 프랑스로 돌아왔지만, 가스중독이라는 의문의 죽음으로 생을 마감하였다.

드레퓌스 사건은 초반에는 프랑스군 장교가 독일 간첩으로 활동하다가 검거된 사건에 불과했었다. 그러나 진실은 프랑스가 독일과의 전쟁에서 패배한 이후 프랑스 군부는 그 책임을 회피해야 할 구실을 찾아야 했다. 프랑스 군대가 나약해서 패배했다고 인정하기는 어려웠고, 그 구실을 찾는 과정에 드레퓌스는 유대인이라는 이유로 독일의 간첩이라는 의심을 받게 되었다. 의심이 아니라 그는 간첩이어야 했다. 결국 그는 그의 필적이 군사기밀을 유출시키려는 의도를 가진 편지의 필적과 비슷하다는 이유로 유죄 판결을 받았다. 필적이 유사하지도 않았지만 그 당시 프랑스 군과 정부로서는 희생양이 필요했기에 그는 독일의 간첩이 되어 버렸다. 이때가지만 해도 드레퓌스는 프랑스 시민들에게 공공의 적이 되었다. 프랑스혁명을 거치면서 프랑스가 유대인의 권리를 인정한 부분도 있었지만, 반유대 정서가 완전히 없어지지는 않았다. 그런 것까지 고려한 군부와 정치권의 계산이었다.

한 사람의 억울한 희생으로 사회가 잠잠해지려는 순간 에밀 졸라가 〈나는 고발한다〉라는 글을 신문에 기고했다. 프랑스 사회는 두 동강이 났다. 정의가 국가안보와 상충할지라도 정의는 실현되어야 한다는 주장과 정의보다는 국가의 위신이나 안보가 더욱 중요하다는 주장과의 충돌이었다. 역사에서 밝혀졌듯이 드레퓌스는 간첩이 아니라는 증거가 곳곳에 있었음에도 불구하고, 그 당시 집권 권력은 그것을 무시했었다. 국가안보라는 가면 뒤에 숨어서 자신의 안위를 도모한 것에 불과했었다. 반 드레퓌스 진영에서는 유대인들의 부당한 권력이 작용했다고 끝까지 주장했었고, 드레퓌스 진영에서는 정의가 실현되었으며 군과 정부 고위층의 부패가 폭로되었다고 믿었다.

역사의 시간을 조금 더 돌려서 보면 1827년 신문에 보도된 실화를 기초로 쓴 스땅달의 적과 흑이라는 소설에서는 주인공 소렐이 재판을 받는 장면이 나온다. 소렐은 귀족은 아니지만, 교육을 받고 신분 상승을 꿈꾼다. 하지만 그의 상향 의지는 기득권을 지키려는 귀족 계급에게 위협적이고, 그들에게는 제거되어야 하는 처지에 놓이게 된다. 그는 어떤 부인을 살해하려는 죄로 재판받는 자리에서 다음과 같이 말하고 있다. "하층계급에서 태어나 가난에 짓눌려오다가 훌륭한 교육을 받는 행운을 얻었고, 그리하여 부자들이 사교계라 부르는 곳에 거만하게 감히 끼어든 젊은이들, 이 계급을 완전히 좌절시키려는 것이지요. 바로 이것이 저의 죄입니다." 기득권의 횡포는 그 시절에도 존재했었다.

그로부터 세월이 200여 년 가까이 흘렀는데 지금 우리 사회는 어떠한가? 기술의 진보는 앞선 시대의 속도를 훨씬 뛰어넘는 발전을 보여 왔고, 그 발전은 계속 진행 중이다. 그러나 권력을 지향하고, 기득권을 지키려고 하는 인간 내면의 감정에는 아무런 변화가 없는 것 같다. 이성의 계산적인 능력은 기술의 발전과 함께 나날이 발전한다. 심리학의 발달, 대중매체의 발달로 인간을 지배하는 기술은 과거와는 비교가 안 될 정도로 발전했다. 그러나 인간의 감성은 더없이 메말라 간다.

오늘 아침 뉴스를 보니 일부 야권 정치집단이 "조국 딸 입학 취소하라"라며 부산대를 항의 방문했다고 한다. 드레퓌스 사건 때 다수의 프랑스 시민들이 드레퓌스를 사형시키라고 요구한 것과 무엇이 다를까? 드레퓌스는 무죄인데! 인간의 타인에 대한 공감 능력의 부족은 예전이나 지금이나 변함이 없는 것 같다. 제로에 가깝다. 조민의 입학 과정에 문제가 있었는가? 정경심 교수의 표창장 위조는 사실인가? 법학 교수 출신에 진보적인 사고를 가진 조국이 법무부 장관에 자리하게 되면, 그동안 자신들끼리 유지해 왔던 신성가족이라는 성역이 무너질지도 모를 불안감이 엄습했을까? 조국은 아무튼 그들로부터 제거 대상이 되어서 저렇게 온 가족이 고문 아닌 고문을 받는 것은 아닌가라는 의심을 해 본다. 살인 누명으로 억울하게 10년간 옥살이를 한 15세의 소년에 관한 기사도 있었다. 다행히 그는 13억의 손해배상을 받게 되었다고 한다. 그것도 정부가 배상해야 한다. 그 당시의 담당 검사나 판사에게는 아무런 잘못을 묻지 않는다. 우린 진정 정의로운 사회에서 살고 있는가? 드레퓌스 사건이나 적과 흑의 주인공 소렐은 오늘날에도 존재한다. 기득권의 권력 유지를 위한 몸부림은 200년 전이나 지금이나 마찬가지인 것 같다. 그러하기에 오늘날에도 스땅달이나 에밀 졸라가 필요한지도 모르겠다.

예술계의 무서운 힘

뒤샹의 〈샘〉이라는 작품은 단순히 변기이다. 변기도 미술관에 갖다 놓으면 예술작품이 된다. "저것이 과연 예술 작품인가?"라는 의구심이 생긴다. 뒤샹이 제출했기 때문에 예술작품이 되었는지, 그 당시의 예술계가 인정해서 예술작품이 되었는지는 모른다. 다만 그 작품이 제출되었을 때 예술계에서도 그 작품을 변기로 취급해서 전시장 한 귀퉁이에 보관했다. 뒤샹은 예술계에게 다음과 같이 항의를 했다. "생활용품을 사용하여 새로운 이름과 새로운 관점 아래, 본래의 실용적 의미가 사라지도록 배치했다. 그리하여 이 소재의 새로운 개념을 창출했다." 결국 뒤샹의 〈샘〉은 레디메이드라는 새로운 경향의 기념비적 작품으로 자리 잡았다. 뒤상의 또 다른 〈L.H.O.O.Q〉라는 작품도 나의 기준으로는 어린아이들의 장난으로 보일 뿐이다. 모나리자의 얼굴에 수염을 그리고 그 밑에 'L.H.O.O.Q'라고 적었다. 프랑스 발음으로 '그녀는 뜨거운 엉덩이를 가지고 있다'라는 통속적인 은어라고 한다. 그것도 예술작품이다.

그 이후 미술계에서는 팝 아트가 등장한다. 미국 팝 아트의 선구자인 워홀의 〈마릴린 먼로〉는 미술과 복제 기술의 밀접한 관계를 상징적으로 보여준다. 미술에 문외한인 내가 보기엔 사진 필름으로 장난한 것으로 보일 뿐이다. 하지만 워홀은 미술의 상업화와 동시에 상업의 미술화를 추구했다고 평가받으며, 지금까지 예술이 추구해왔던 많은 가치들을 부정했다는 평가를 받는다. 레디메이드 미술과 팝 아트는 과연 미적 판단 기준은 무엇이고, 예술은 존재하는가에 대한 많은 질문을 던진다. 또 한 편에서는 예술계의 파워가 무엇인가에 대한 물음도 제기된다.

사실 우리의 일상은 모든 예술의 대상이 된다. 예술가들은 권태롭기조차 한 일상의 모든 것들을 새롭게 보려고 하고, 낯설게 하려고 하고, 심지어 기존의 모든 것을 부정하려고 시도한다. 위에 언급한 두 명의 예술가도 그들 작품을 통해서 추구하고자 하는 것은 우리 주변의 모든 억압적인 구속에서 정신을 해방시키려고 했으며, 현대 사회의 소외를 폭로하려는 새로운 시도라고도 해석할 수 있다. 보드리야드는 워홀을 다음과 같이 평가하고 있다. "그는 세계를, 즉 스타와 폭력의 세계를 있는 그대로 받아들이고 있다. 그런데 이 세계 위에서, 미디어는 추잡스러운 감언이설을 늘어놓고 있다. 우리를 죽이는 것은 바로 그것이다." 보드리야드는 미디어의 발달로 인한 이미지의 폭력을 언급하며, 워홀이 팝 아트를 통해 이미지의 폭력성을 꼬집고 있다고 평을 했다. 사실 오늘날의 권력은 미디어를 통해 이미지를 날조하고, 그렇게 조작된 이미지는 실재와는 아무 상관도 없는 시뮬라크르가 되어 현실에 영향을 준다. 워홀은 대중들이 흔히 소비하는 상품의 이미지, 스타, 그리고 유명인사들의 이미지를 기계적으로 반복해서 실크스크린을 만들어내면서 기존의 예술이 추구한 것과는 다른 시각을 통해서 이미지의 폭력성을 고발했다.

하지만 작가의 의도가 아무리 고상하다고 해도, 수용자가 받아들이지 못하면 작품으로서의 가치는 떨어진다. 수용자에게 영향을 미치는 것이 예술계이다. 어쩌면 예술가와 예술계가 서로 뜻이 맞으면 환상의 콤비가 될 수도 있을 것이다. 예술가가 작품을 제출하고, 미술관이 전시를 하고, 언론이나 비평가들이 찬사를 보내면 그 작품은 예술작품이 된다. 미술관과 언론, 비평가들이 예술계를 구성한다. 예술계도 모종의 예술이론을 바탕에 깔고는 있다. 역사적인 시간과 사회적인 공간에 의해 제약받고 있는 이론이기는 하지만 예술이론은 존재한다. 그곳에서도 권력과 지식은 손을 잡는다.

예술에만 예술계가 존재하는 것은 아니다. 우리 사회 곳곳에도 지속성과 보편성을 추구하는 구조화된 사회적인 습성들이 존재한다. 대표적인 것이 법조 카르텔일 것이다. 자신들만의 신성가족을 이루고 있다. 그 속에서는 자신들의 말이 곧 진리이다. 예술가의 예술적 실천은 자신의 주변에 있는 대상에 예술적 의미를 부여하는 것이다. 그것이 미술관에 의해 인정되면 예술가는 창조주가 되고, 미술관은 신전으로 변한다. 위대한 가상의 실제가 거기에서 비롯된다. 법조 카르텔의 신성 가족도 그와 유사하다. 만약, 신성 가족의 한 일원이 꿈은 이루어진다고 믿고, 자신이 신이 되고자 한다고 가정하자. 자신이 "너는 죄인이야"라고 어떤 사람에게 의미를 부여하면, 그 사람은 죄인이 된다. 죄를 만드는 과정은 온갖 기상천외한 방법이 모두 동원된다. 예술가의 손길이 닿으면 변기도 예술품으로 둔갑할 수 있듯이, 검사의 손길이 닿으면 평범한 사람도 죄인이 될 수 있다. 물론 그곳에는 판사의 동조가 필요하며, 언론의 지원도 필요하다. 예술작품이 예술계의 지원을 통해 탄생하는 것과 큰 차이가 없다. 평생을 그렇게 살아온 사람은 자신이 곧 창조주라고 생각할지도 모른다. 창조주라는 꿈을 실현하려고 하는 그 사람의 주변에는 그 옆에서 떡고물이라도 얻어먹으려는 사람들로 득실거린다.

세상은 아수라장이다. 그렇고 그런 사람들이 권력을 쥐고 흔든다. 내로남불의 극치를 보여주는 곳이 정치판이다. 그래서 그런지 사회 곳곳에서 그런 현상이 벌어진다. 내편의 허위학력 기재는 별일이 아니고, 네 편의 그렇게 대단하지도 않은 어떤 대학의 표창장

하나는 엄청난 부조리였다. 표창장 하나를 문제 삼았을 때 보여준 언론이나 비평가들의 조롱 담긴 목소리는 허위학력 기재에 대해서는 침묵을 한다. 지고하신 분의 잘못은 단순한 실수에 불과했다. 지명도가 있는 예술가에 의한 변기를 제출은 예술작품이 되고, 지명도가 없는 예술가가 제출한 변기는 예술계를 욕보이는 것이 된다. 어떤 사람의 변기 제출은 검증이고, 또 다른 어떤 사람의 변기 제출은 네거티브라고 비난받는다. 예술계는 무서운 힘을 가진 권력 단체이다. 짜고 치는 고스톱 판이 그곳에서도 일어난다. 내편은 검증이고, 네 편은 네거티브다. 신성가족의 울타리를 함부로 쉽게 넘어설 수가 없다. 검증과 네거티브의 벽은 참으로 넓고 깊다. 그러나 현명한 예술의 수용자들은 예술가와 예술계의 음흉한 담합을 모두 알고 있다. 그렇다고 미술관에 폭탄을 던질 수는 없다. 다만 음흉한 담합의 뒷모습에 숨어있는 야수의 붉은 욕망만 볼뿐이다.

올드 보이는 '오이디푸스 누아르'인가?

영화 〈올드 보이〉를 보고 '오이디푸스 누아르'라고 장광설을 펼친 평론가 신형철의 글을 읽었다. 라캉도 등장한다. 그 글에는 자신이 알고 있는 다양한 지식이 동원되었을 것이다. 신형철의 진지함도 엿볼 수 있었다. 글 읽는 재미도 있었다. 신형철은 이 글의 끝 대목을 이렇게 마무리 짓는다. "오대수와 미도, 이우진과 이수아의 서사는 결국 실패한 사랑, 불가능한 사랑의 이야기이다. 이 미친 사랑의 노래를 계속 불러야 한다. 이것이 이 영화의 결론이고 그의 급진적인 윤리학이다."

〈올드 보이〉가 나에게도 그렇게 비칠까? 궁금증이 폭발했다. 넷플리스를 검색해 보니 다행히 〈올드 보이〉가 있었다. 2시간의 상영 시간 동안 핸드폰에서 눈을 뗄 수 없었다. 몰입도가 높은 영화였다. 영화의 마지막 부분인 이우진의 팬트하우스에서 벌어진 장면에서는 벨라스케스의 작품 〈시녀들〉에 나온 거울 이미지를 떠올리게 했다. 벨라스케스의 〈시녀들〉은 화폭의 전면에 공주와 시녀, 그리고 화가가 등장한다. 그들이 응시하는 곳은 거울 속에 존재하는 왕과 왕비이다. 왕과 왕비는 그림 속 거울 속에서만 존재한다. 벨라스케스는 왕과 왕비를 그리고 있는데, 왕과 왕비의 시선으로 그림을 그렸다. 벨라스케스의 작품에는 이중의 시선이 존재한다. 왕과 왕비를 바라보는 공주와 시녀들, 그리고 작가의 시선이 그 하나이고, 다른 한 시선은 그들을 바라보는 거울 속에만 존재하는 왕과 왕비의 시선이다. 〈올드보이〉의 가장 극적인 사건이 벌어지는 이우진의 팬트하우스에서도 그와 유사한 장면이 등장한다. 거울에 비친 오대수의 얼굴을 바라보면서 이우진은 오대수에게 이야기한다. 이우진의 시선은 거울을 향하고 있다. 거울에 비친 허상을 바라보는 이우진의 시선에 감독의 숨은 의도가 있는지도 모른다. 거울 속에 비친 오대수를 바라보는 이우진의 시선은 환상이었다는 숨은 의도 말이다.

영화를 보고 나서 왠지 마음이 편치 못했다. 영화의 전체적인 스토리 전개는 다음과 같다. '오늘도 대충 수습하면서 살자'라는 의미의 이름, 즉 오늘의 오, 대충의 대, 수습의 수를 조합한 이름을 가진 주인공 오대수는 별로 하는 일 없이 매일 술만 마시고, 사고를 치는 인간으로 등장한다. 그런 주인공이 영문도 모른 채 15년 동안이나 감금당한다. 감금 생활 속에서 오대수는 자신을 감금한 사람을 찾아서 그 시체의 흔적도 남기지 않게 만들겠다고 복수의 칼날을 간다. 그러는 동안 자신의 부인은 자기 손에 의해 죽임을 당한 것으로 조작된다. 모두 자신을 감금한 이우진이 꾸민 일이다. 이우진은 고등학교 시절 자신의 누나와 성관계를 맺는다. 그 장면을 오대수가 봤고, 오대수는 그것을 다른 친구들에게 전한다. 결국 이우진의 누나는 자살한다. 그에 대한 이우진의 복수가 오대수를 감금하게 만들고, 오대수가 자기의 부인을 살해한 것으로 조작하여 오대수를 몰락하게 만든 것이다. 더 나아가 이우진은 최면을 이용해서 오대수와 자기 딸이 서로 사랑하게 만든다. 오이디푸스가 어머니와 결혼한 것이 신의 뜻에 의한 피할 수 없는 운명이라면, 오대수가 자기 딸과 사랑에 빠진 것은 최면으로 억지로 끼워서 맞춘 조작된 운명이었다. 그것을 미친 사랑이라고 말할 수 있을까? 급진적 윤리학은 또 뭔가? 글쎄다. 이 부분에서 나는 신형철의 독법에 쉽게 동의할 수가 없었다. 인간의 능력은 참으로 놀랍다. 글로써 타인을 또 다른 환상의 세계로 초대할 수 있으니 말이다.

나의 시선으로는 〈올드 보이〉는 오징어 게임류의 작품으로 보였다. 영화의 줄거리는 이우진이 진정으로 사랑했던 누나를 자살로 몰고 간 오대수의 말에 대한 이우진의 복수였다. 이 영화에서 이우진은 엄청난 갑부로 나온다. 오대수는 돈과 권력을 가진 이우진의 복수의 대상, 놀잇감에 불과했다. 오징어 게임도 비슷하다. 엄청난 갑부들의 놀잇감으로 돈을 찾아 몰려든 사람들이 자신의 생명을 담보로 게임을 벌인다. 돈 많은 갑부들은 그것을 보고 즐긴다. 자본이 자신의 욕망을 충족시키는 수단으로 등장한다. 물론 오징어 게임의 갑부는 병들어 죽지만, 〈올드 보이〉의 이우진은 복수의 대상이 없어지자 그 스스로 목숨을 끊는다.

두 영화에서 볼 수 있는 또 다른 공통점은 인간이 대상으로 전락한다는 것이다. 감시당하는 인간이다. 감시하는 인간들은 돈이 많고, 그 돈으로 감시하는 것을 즐기는 권력을 갖는다. 그 권력으로 인간을 감시한다. 두 영화에서는 감시를 당하는, 복수의 대상으로 전락하는, 놀이의 대상으로 전락하는 수동형의 두 주인공과 감시하고, 복수와 게임을 즐기는 능동형의 또 다른 두 주인공이 등장한다. 이러한 서사 속에서, 우리는 현대인들의 슬픈 운명을 엿볼 수 있다. 지배와 피지배 사이의 착취 관계라는 슬픈 운명이 바로 그것이다. 〈올드 보이〉는 사랑에 대한 급진적인 윤리학이 아니라, 대상으로 전락한 인간의 비극이라고 보인다. 이 영화는 사랑에 대한 급진적인 윤리학이 아니라, 주체를 잃어버리고 대상으로 전락한 현대인들의 슬픈 자화상이다. 라캉이 언급되려면 이 대목에서라고 본다. 나의 욕망은 타인의 욕망이지만, 환상 가로지르기를 통해 진정한 주체를 찾아야 한다는 라캉의 이야기 말이다.

평론가들의 평도 하나의 이야기일 뿐이다. 그러나 그들의 이야기는 작품을 죽이기도 하고 살리기도 한다. 특히 유명한 평론가의 이야기는 더욱더 그렇다. 예술작품에 대한 해석은 다양할 수 있다. 해석의 정답은 없다. 좋은 해석, 그럴듯한 해석은 있을 수 있지만, 옳은 해석은 없다. 그래서 수잔 손택은 해석을 반대한다고 했는지도 모른다. 현대 사회는 스펙터클한 세상이 아니라 감시당하는 세상이라는 푸코의 지적이 옳은 것 같다. 영화에서 오대수는 철저하게 이우진에게 감시당했다. 오대수는 이우진의 감옥 속에서 살고 있었지만, 그는 그 사실을 몰랐다. 또한 억압적 탈승화에 의해 자아가 제거되었다고 진단한 프랑크푸르트학파의 이론도 적용될 수 있다. 이 말을 좀 더 쉽게 설명하면 사회적 억압의 힘이 인간의 무의식조차 직접 통제한다는 이야기이다. 이우진에 의해 오대수는 자기 딸을 육체적으로 사랑하게 되었으니 이 부분도 우리의 무의식을 지배하는 억압적인 힘이 이 사회에 존재한다고 읽힐 수 있다. 영화 〈올드보이〉는 현대 사회의 자본에 의한 지배와 피지배라는 슬픈 자화상이 바탕에 깔려있다, 라캉이 언급된다면 환상 가로지르기를 통해서 진정한 주체를 찾아야 한다는 부분일지도 모른다. 영화의 마지막에는 자기의 딸이 자신을 포옹하면서 "아저씨! 사랑해요."라고 말을 하는 장면이 있다. 그 장면에서 보여주는 오대수의 미묘한 표정은 라캉이 언급한 환상 가로지르기에 성공한 모습으로 느껴진다. 신형철의 '오이디푸스 누아르'라는 글에는 동의하지 않지만, 신형철 글은 신선한 새로운 창작물로 손색이 없었다.

포퓰리즘 세상

갱단의 두목도 자신이 책임 있는 지도자이고, 나라를 사랑하는 사람이라고 하는 세상이다. 아이티라는 조그마한 나라에서 발생하고 있는 일이지만 예사롭지 않아 보인다. 포퓰리즘에 대해서는 두 종류의 정의가 있다. 하나는 권력을 쟁취하기 위해 유권자에게 직접 호소하는 정치 수단으로써의 포퓰리즘이고, 또 다른 하나는 국민의 입장에서 기성정치나 엘리트를 비판하는 정치운동으로서의 포퓰리즘이다. 보통은 후자의 의미로 많이 사용되지만, 지금 우리에게는 전자의 포퓰리즘이 우세해 보인다. 요즘 뉴스를 보면 대중들을 유혹할 만한 말들의 잔치가 연일 이어진다. 우리 사회에 극우와 극좌의 대립은 없어 보인다. 다만 중도 우파와 중도 좌파의 권력 다툼만 있을 뿐이다. 많은 정치인이 그놈이 그놈인 것 같은데, 누구를 선택하는가에 따라 우리의 삶에 큰 변화가 생기는 것은 분명하다. 직업으로의 정치인들! 그들은 입으로는 국민을 외치지만 속으로는 자신들의 더 많은 이권을 챙기기 위해 정치를 한다. 도로를 휘어지게 만들어 자기 소유의 땅값을 1,800배나 올린 자, 아들이 받은 50억 퇴직금은 정당하고, 적이라고 생각되는 사람의 딸이 받은 600만 원 장학금은 뇌물이라고 목청 높이는 자, 자기 부인 경력 사기는 문제없고, 남의 자식 체험활동은 허위라고 부모를 감옥에 보내는 자! 그들이 오히려 공정과 정의와 상식을 외친다.

대중에 호소하는 포퓰리즘은 언론에 기댈 수밖에 없다. 우리의 언론은 어느 한 편에 치우쳐있다. 깨어있는 시민들은 그러한 언론을 무시하지만, 언론이 던지는 메시지의 힘은 대단하다. 반복되는 메시지는 진리라는 환상을 만든다. 이데올로기를 생산한다. 권력과 무관한 지식이 없고, 지식과 무관한 권력도 없다고 말하는 푸코가 생각난다. 한쪽으로 쏠려있는 언론과 그러한 언론과 결탁하여 권력을 쟁취하고자 하는 집단의 결과가 어떨지 궁금해지는 요즘이다. 그들을 우파 포퓰리즘이라 하면, 그 반대편은 좌파 포퓰리즘이라고 할 수 있을 것이다. 포퓰리즘의 계기는 혼란, 불안, 절망에서 비롯되지만, 다른 한편으로는 희망과 가능성의 계기이기도 하다. 우파 포퓰리즘은 배제의 논리를 강조하고 이를 위한 제도나 법을 강조한다. 이민자, 난민, 성 소수자를 부정적으로 대하는 태도에서 그들의 입장을 헤아릴 수 있다. 좌파 포퓰리즘은 모든 이들의 자유와 평등을 급진적으로 확장하려 한다. 샹탈 무페는 "포퓰리즘 계기는 오랜 탈정치 시기를 지나 정치적인 것의 귀환을 가리킨다. 이 귀환은 권위주의적 해결의 길을 열 수도 있지만, 민주주의 가치들을 다시 확인하고 확장시킬 수도 있다."라고 지적하고 있다. 우리는 어떤 정치 세력이 성공하기를 바라는가? 다시 권위주의적 정치로의 후퇴를 바라지는 않을 것 같은데, 그리 만만하지는 않은 것 같다.

민주주의에는 서로 다른 두 전통이 있다. 하나는 법의 지배, 권력의 분립, 개인의 자유 보호와 같은 정치적 자유주의 전통이고, 다른 하나는 평등과 대중 주권이 중심 사상이 되는 민주주의 전통이다. 우리 사회의 좌우 구분도 어쩌면 이런 기준으로도 가능하다. 민주주의에 강조점을 두는가? 아니면 자유주의에 강조점을 두는가? 지금 우리는 이들 두 진영 간의 정치적 투쟁 속에 놓여 있다. 하지만 이 둘 사이에는 신자유주의라는 괴물의 숨소리가 들린다. 자유든 민주든 모두 자본 앞에 무릎을 꿇는 격이다. 경제적 자유주의가 전면에 부각되면서 법의 지배라는 정치적 자유주의는 껍데기만 남고 모두 자본의 노예로 전락해 버렸다. 평등과 대중 권력이라는 민주주의의 가치 역시 정치인들의 수사에 불과하고 실질적인 평등과 대중 권력은 먼 나라의 이야기가 되어 버렸다. 신자유주의는 불평등의 심화, 노동 조건의 악화 등 많은 문제점이 있음이 분명하다. 아직 특별한 대안은 없어 보인다. 신자유주의의 위기가 새로운 헤게모니 질서 구성을 위한 기회를 제공할 수도 있지만, 이 새로운 질서가 민주주의의 확실한 진전을 가져오리라는 어떤 보장도 존재하지 않는다. 오히려 이 기회는 권위주의로의 퇴보를 가져올 수도 있다.

대중들은 정치에 대한 기대감이 있었으나 자본만을 추구하는 정치인들을 보면서 불안해진다. 정치에 대한 기대감이 실망으로 바뀔 때 불안감이 조성된다. 그런 불안감은 권위주의적인 정치 지도자를 원한다. 히틀러를 원한 독일 국민의 집단 심리와 유사하다. 우파 포퓰리즘의 승리는 민주주의를 회복시킨다는 구실과 달리 사실은 민주주의를 철저히 제약하는 신자유주의의 권위주의 형태로 이어질 수 있다. 신자유주의의 문제점 중의 하나는 일부 소수에 부와 권력이 집중되는 현상이다. 아래로부터 발생하는 포퓰리즘이 아닌 권력 쟁취를 위한 위로부터의 포퓰리즘의 배후에는 자본과 권력의 결탁이 숨을 쉬고 있다. 그들은 대중에게 끊임없이 립 서비스를 제공한다. 궁극적으로는 대중을 통제하고 자신들의 의지를 실현하고자 하는 것이다. 아래에서 발생하는 포퓰리즘은 대중들이 기존의 대의제나 엘리트가 독점하는 관료제나 과두제에 맞서기 위한 저항운동이다. 그러나 지금의 포퓰리즘은 권력집단의 헤게모니 전략일 뿐이다. 표를 얻기 위해 대중들에게 구애를 보내는 것뿐이다. 엄마의 발을 내민 늑대의 모습이다.

획일화된 주체들은 민주적 다원주의와 거리가 멀다. 모든 차별이 사라져 버리는 군중이 아닌 깨어있는 시민들의 다양한 정치 참여가 필요하다. 우린 그런 깨어있는 시민들에게 말을 걸고, 그들이 말을 하게 만들어야 한다. 예술과 문화의 실천이 강조되는 시점이다. 예술은 감성적 반응을 유도한다. 다른 방식으로 사물을 바라보고, 새로운 가능성을 인지할 수 있도록 하는 것이 바로 예술의 위대한 힘이다. 다르게 생각하는 힘이 필요한 시점이다. 문화도 여러 가지 정치적, 이념적 명분들이 뒤섞이는 일종의 극장인 셈이지만, 우리가 경계해야 할 문화는 보편문화이다. 보편문화는 거대 자본을 앞세운 제국주의 문화의 다른 이름에 불과하다. 우리가 필요한 것은 다문화주의이다. 다문화주의는 문화 간의 혼란과 분열보다는 오히려 통합과 공존을 가능케 하는 입장이 될 수 있다. 우리에게는 서로 다른 문화들 사이에서 유연함과 관대함이라는 열린 태도가 필요하다. 보편주의를 거부하고 다양성을 수용하며 동질성을 모색하는 것이 평화로 나아가는 길이다. "문명과 문명의 충돌은 세계 평화에 가장 큰 위협이 되며, 문명에 바탕을 둔 국제 질서만이 세계 대전을 막는 가장 확실한 방어 수단이다."라고 말한 샤무엘 헌팅턴이 생각나는 아침이다.

푸코를 꿰매다

구슬이 서 말이라도 꿰어야 보물이다. 절실하게 맞는 말이다. 요즘 나는 특별히 하는 일이 없어서 평균 5시간 정도는 책을 읽는다. 그래서 나는 친북좌파이다. 친북좌파라는 용어는 책을 좋아하고, 하루 종일 앉아서 생활한다는 의미로 내가 만들어 낸 말이다. 언어의 폭력, 언어의 한계를 뛰어넘는 일도 나의 관심사 중의 하나이다. 내가 읽는 책들은 주로 철학, 미학, 문학, 심리학, 역사, 사회학과 관련되어 있다. 그런데 문제가 있다. 책을 읽기는 읽었는데, 하루만 지나면 내 기억 속에서 사라진다. 읽었다는 기억만 남는다. 그래서 읽었던 책의 내용을 정리하기로 했다. 구슬을 꿰매지 않으면 결코 보물이 되지 못한다. 파편화된 지식은 자기 몸에 어울리지 않는 장식에 불과할지도 모른다.

그 첫 번째 작업이 푸코의 생각을 내 나름대로 꿰매는 일이다. 온 종일 푸코에 관한 책을 읽고 컴퓨터에 기록하는 일을 반복한다. 푸코에 관한 책이 내 책상 앞에 20여 권 쌓여있다. 〈광기의 역사〉, 〈말과 사물〉, 〈감시와 처벌〉, 〈성의 역사〉, 〈이것은 파이프가 아니다〉, 〈사회를 보호해야 한다〉부터 들뢰즈의 푸코, 현대 프랑스 철학사, 마턴시럽의 책 외 부지기수이다. 이미 읽었던 책이지만 요약해 놓지 않으니 모두 새롭게 읽힌다. 책마다 밑줄은 많이 처져 있어도 새롭기만 하다. '공부는 역시 젊었을 때 해야 하나'라는 자괴감이 들기도 한다. 하지만 재미는 있다. 지금까지 한글화일 30장이 기록되어 있다. 아마 50장이 되면 끝날 것 같다.

오늘 아침에 '지식의 의지' 중의 한 대목을 읽는 중에 어쩌면 저런 대목은 지금 우리 사회에서도 벌어지고 있다고 생각했다. 책의 내용은 이렇다. 1987년 한 마을의 날품팔이꾼이 고발당한다. 그는 동네 장난꾸러기들이 하는 대로 밭에서 어린 소녀에게 애무를 받았다. 이 장난은 누구나 하는 그런 것이었다. 그렇지만 그는 소녀의 부모에 의해 동네 이장에게, 헌병대에게, 수사 판사에게, 의사에게, 또 다른 전문가에게 맡겨져서 보고서를 작성하여 발표한다. 이야기의 요지는 무엇일까? 푸코는 이렇게 말한다. "덤불 속에서의 그 하찮은 희열이 어느 순간부터는 집단적 불관용뿐만 아니라 사법적 소송, 의학의 개입, 주의 깊은 임상적 검사, 거창한 이론 구축의 대상으로 변할 수 있다는 점이다."

한 사회의 지식과 권력이 만들어 낸 제도가 사소한 일상의 무대를 엄숙한 담론으로 뒤덮을 수 있다는 점에 나는 주목했다. 내 딸들은 이미 대학을 졸업했다. 내 딸들이 대학교에 입학할 당시를 회고해 보면, 그 당시 인턴 증명서는 누구나 제출했던 것으로 기억난다. 입시 제도가 바뀐 것이었다. 아빠 친구들 회사에 부탁하거나, 주변의 이웃을 통해서 누구나 만들어 냈던 서류였다. 요식행위에 불과했던 것으로 기억한다. 그런 사소한 종이쪽에 불과한 인턴 증명서가 왜 이렇게 사회적으로 큰 문제가 되어야 하는지 도무지 이해할 수가 없다. 이것 역시 지식과 권력의 담합이 만들어 낸 새로운 담론이지 않을까? 이것이 우리 사회의 현실이다. 그들의 의도는 무엇일까? 그 배후에는 기득권이라는 계층의 이익이 도사리고 있다.

지식은 더 이상 해방이 아니라 감시, 규제, 규율의 방식이 된다는 푸코에 말에 공감한다. 권력은 한 인간을 억압만 하는 것이 아니라 새로운 인간으로 생산해 내는 작업을 함께 한다는 말도 공감한다. 더 절대적으로 공감하는 것은 권력은 어느 한 사람이 소유하는 것이 아니라는 것이다. 그리고 권력은 전쟁이라는 말에도 공감한다. 권력은 항상 저항이 뒤따른다. 아직 푸코의 생각을 모두 꿰매지는 못했지만, 자신의 참다운 철학 활동은 우리 자신의 역사적, 비판적 존재론이라고 언급한 부분은 두고두고 음미해 볼 대목이다. 푸코에게 사유의 목표란 스스로부터 벗어나는 것, 자신으로부터의 일탈, 혹은 자기반성이다.

이 글을 완성하면서 푸코에 관한 파일을 들춰봤다. A4용지 50장이나 뭔가가 기록되어 있었다. 마지막 장에 요약된 내용에 의하면 푸코는 다음과 같은 이야기를 했다. "우리는 정치권력의 관계들, 그러니까 사회적 신체를 통제하고 억압하는 그 감추어진 관계를 폭로해야 합니다. 겉으로는 중립적이고 독립적인 듯한 이런 기관들의 형태를 비판하는 것이 중요한 정치적 과제라고 생각합니다." 오늘날 한국의 지식인들이 해야 할 역할이라고 생각한다. 푸코는 분명히 정치적인 투쟁에 관해 관심이 있었다. 푸코에 의하면 모든 사회적 투쟁에 정의가 등장하지만, 그들은 정의로운 세상을 만들기 위해서보다는 투쟁에서 이기기 위해 정의를 내세운다고 주장한다. 물론 푸코의 모든 주장에 공감하는 것은 아니다. 하지만 푸코의 주장에 귀담아 두어야 할 부분이 많다. 특히 부당한 권력의 폭력에 저항해야 한다는 주장에는 많은 공감을 한다. 그래서 푸코를 꿰매려고 하는지도 모른다.

4

영등포의 빛과 어둠

같은 소비, 또 다른 얼굴

자본주의 사회에서 소비가 미덕임에는 이견이 없다. 특히 현대의 거대한 자본이 과학기술에 힘입어 새로운 제품들을 수도 없이 만들어내고 있는 상황에서 소비자는 왕으로 모셔야 함에 지나침이 없을지도 모른다. 최근에는 최저임금을 늘여서라도 저소득층의 소비를 진작시켜 경제 성장을 이룩해 나가야 한다는 말도 나오고 있다. 또 그것이 지금은 현실화되고 있다. 하지만 소비에도 다양한 형태가 있지 않을까? 한 나라에도 품격이 있다면, 소비에도 품격이 있지 않을까? 그래서 우리의 조상들은 소비에도 품격이 있음을 미리 알고 "거지처럼 벌어서 정승처럼 쓰라."는 속담을 만들어 냈는지도 모른다. 여기서 "정승처럼" 쓰라는 말의 의미는 품위 있게 쓰라는 말로 해석되지 않을까? 요즈음 흔히 사회적으로 문제가 되는

'갑질'하는 형태는 아닐 것이라고 짐작된다. '갑질'은 상대편에 대한 예의나 존중이 전혀 없는 상태의 행동이다. '정승'은 현대의 국무총리급에 해당하는데, 만약 우리나라 국무총리가 어떤 곳에서 거드름을 피면서 돈을 쓴다면 그날부로 파면될 것이다.

나는 오랫동안 제약회사의 영업직에 몸을 담았다. 지금은 회사를 그만두고 20년 이상 제약회사 영업직에 근무한 노하우를 바탕으로 의료와 관련된 일과 또 다른 삶을 위해 편의점도 함께 운영하고 있다. 모두 결국 영업이다. 나는 항상 물건을 판매하는 입장에서 일을 하다 보니 나의 목소리를 높인 적이 한 번도 없었다. 회사 다닐 때의 나의 업무는 병원 영업이었고, 나의 주 고객은 의사와 대학병원 교수들이었다. 물론 전문가 집단인 그들의 약품 구매형태는 일반 소비와는 구분된다. 대학병원의 교수들은 evidence base에 기초하여 약품을 처방 내기에 그들의 약품 구매는 학문적인 바탕에 의해서 이루어지는 것이라고 볼 수 있다. 하지만 개업을 한 의사들의 입장에서는 학문적인 동기보다는 경제적인 동기로 인한 약품 선택이 더 많다고 해도 과언이 아닐 것이다. 그리고 그들에게도 약간의 과소비는 있다. 즉, 여러 가지 이유로 인하여 환자에게 더 많은 약을 처방 내기도 하였다. 그러한 다양한 이유 중에 하나는 소비를 유발하는 다양한 제안을 영업사원들이 하기 때문이다. 물론 지금은 모두 불법적인 형태로 그러한 행위가 금지되었지만 과거에는 그러했다. 그렇게 주고받는 관계가 형성되었기에 최소한 '갑질'은 하지 않앉었다. 그들은 그래도 최고의 엘리트답게 공급자인 제약회사 직원들을 대하는 태도가 매우 점잖았다고 표현할 수 있다.

그러나 편의점의 경우는 상황이 많이 다르다. 편의점에 오는 고객들은 그야말로 각양각색이다. 어린아이부터 노인에 이르기까지 연령층도 다양하지만, 교양이 있는 사람부터 교양이 없는 사람까지 참으로 다양한 고객들이 편의점을 드나든다. 나는 아침 출근시간부터 오전 시간만 잠시 편의점에서 근무를 한다. 대부분의 많은 고객들은 항상 서로 웃으면서 서로에게 밝은 모습을 주고받으며 상쾌하게 서로의 아침을 시작한다. 그리고 많은 고객들이 기본적으로 타인에 대한 존중의 마음이 있다고 느낄 수 있다. 하지만 아주 몇 안 되는 특이한 고객들도 있다. 그날따라 개인적으로 기분이 나빠서 편의점에서 근무하는 근무자에게 괜한 화풀이하는 경우도 있고, 몇 천 원짜리 편의점 물건을 구입하면서 무슨 대단한 권리를 그렇게 수장하는지 참으로 한심한 고객들도 많이 있다. 경우에 따라서는 취객이 물건을 구매하러 왔다가 점포 내에서 행패를 부리는 경우도 매우 드물지만 없지는 않다.

하루는 컵 커피를 한 줄로 진열하고 있었다. 모두 동일한 유효기간의 제품이었다. 그런데 어떤 여성분이 내가 진열 중인 커피의 제일 뒷부분의 것을 집어서 구매하고자 하였다. 나는 농담 반, 진담으로 "이거 모두 동일한 제품인데 왜 하필 뒤에 것을 가져가느냐?"라고 물었다. 그러자 나를 힐끔 쳐다보더니 "뭐 이런 데가 있어!"하고 행하니 나가버렸다. 참 황당했다. 아마도 나의 짐작으로는 "주변에 널려 있는 게 편의점인데, 내가 내 마음대로 물건을 골라서 가는데 왠 군말이냐?"라는 태도였다. 이런 유형의 고객들은 참으로 많다. 판매하는 입장에서는 선입선출을 지켜야 하기에 일찍 입고된 제품을 앞에 진열을 해야 한다. 하지만 고객의 입장에서는 신선한 제품을 선택하고 싶어서 그렇겠지만 진열을 흩어 놓으면서까지 뒤의 제품을 골라서 가져가는 사람들이 의외로 많다.

이와 유사한 또 하나의 사례가 있었다. 그 고객은 바나나를 구입하려는 고객이었다. 그런데 바나나 진열대에 놓여 있는 바나나를 선택한 것이 아니고, 뒤쪽에 약간 숨겨놓은 바나나를 선택하여 카운트에 놓는 것이었다. 그래서 "혹시 오늘 드실 거라면 앞쪽에 진열된 것 가져가시지요?"라고 했더니, 아니나 다를까 "내가 내 마음대로 물건을 가져가는데 무슨 말이 그리 많으냐?"라고 하였다. 순간적으로 화가 났지만 참았다. "예, 그러면 그렇게 하세요!"라고 하고 보냈다. 또 한 번은 아침 출근시간에 어떤 남자 손님이 물건 몇 개를 골라서 카운트에 툭 던지면서 "포장해 주세요!"라고 하는 것이었다. 순간적으로 매우 황당해서 얼굴을 한번 쳐다보았다. 그랬더니 "왜 째려보느냐?"라고 하였다. 순간적으로 입에서 험한 소리를 내고 싶었지만 참았다. 그런데 더 한 것은 그 손님이 "경영주가 불

4. 영등포의 빛과 어둠

친절하다."라는 글을 본사 홈페이지에 접속하여 '고객 불편신고'를 하였다. 물론 그래 봤자 내가 입는 피해는 별로 없지만 그런 종류의 고객들을 보면서 많은 생각을 해본다. 파는 사람도 존중하면서 소비할 수는 없을까? 정말로 소비자는 왕처럼 아무 곳에서나 안하무인격으로 행동해도 되는가? 함께 더불어 잘 살아가는 사회를 위해서는 소비에도 예절이 있어야 하는 것이 아닌가?

1970년도에 노벨경제학상을 수상한 폴 새무엘슨은 '행복은 소비를 욕망으로 나눈 것'이라는 행복지수를 만들었다. 소비를 무한정 늘이면 행복지수가 올라간다는 것이다. 욕망이 100이고 소비가 100이면 행복지수는 1이지만, 욕망이 100이고 소비가 1,000이면 행복지수는 10이 된다. 즉, 많은 사람들이 소비를 하면서 행복을 느낀다는 것이다. 정말로 그럴지도 모른다. 어쩌면 자본주의가 유지되기 위해서라도 그렇게 되어야 할지도 모른다. 즉, 소비를 해야지 생산자는 더 많은 이윤을 챙기고, 그러한 이윤을 통하여 또 다른 소비를 조장하여 또 다른 이윤을 챙겨가는 것이 자본주의의 논리이기도 하다. 기존에 있는 자원이 고갈되면, 이제는 과학의 힘을 빌어서 새로운 물질을 만들어 내고, 또 다른 새로운 소비를 창조해 간다. 곧 다가올 4차산업 혁명의 시대도 그러한 연속선상의 하나의 현상이다. 인간의 욕망은 끝이 없다. 그러한 끝없는 욕망이 끝없는 소비를 창조해 왔고, 그것이 어쩌면 자본주의의 핵심일지도 모른다. 우리는 지금까지 자본주의와 소비지상주의의 이념을 잘 실행하면서 살아온 인간들이다.

　우리 주변의 많은 매체들이 항상 소비를 부추긴다. 우리는 우리도 모르는 사이에 끊임없이 소비를 강요당하고 있다. 이제는 심리학까지 동원되어 소비를 길들인다. 인간은 불안하고, 우울하고, 화가 났을 때 소비가 더 쉽게 일어난다고 한다. 그래서 실제 소비 마케터들은 그러한 불안 심리를 자극하여 소비를 유도하기도 한다. 홈쇼핑 채널이 대표적이다. '주문 전화 폭주', "수량이 별로 없는 것 같습니다.", "매진되었는데 주문 가능한지 모르겠네요." 등 등! 이것뿐만이 아니다. 자존감이 낮으면 더 많은 돈을 쓴다는 연구도 있다. 현실적인 나와 이상적인 나와의 간극은 항상 존재하고 그러한 간극을 좁히기 위한 행위가 소비로 나타난다는 것이다. 거기에다가 "소비자는 왕이다."라고 광고 카피가 있으면 금상첨화이지 않겠는가? 어쩌면 그러한 무감각적인 소비를 지향하는 사람들이 소위 말하는 '갑질하는 고객'들이 아닌가 생각해 본다. 자신의 자존감을 더 높이기 위해 아무 곳에서나 자신의 권리만을 주장하는 사람들! 타인도 우리 사회 공동체의 일원이고 더불어 살아가는 이웃인데도 그들에 대한 존중의 마음은 추호도 없다.

　위에서 언급한 폴 새무엘슨의 행복지수에는 물론 다른 깊은 뜻이 숨겨져 있다. 동일한 소비를 하더라도 욕망을 줄이면 더 큰 행복지수를 늘일 수 있다는 점이다. 끝없는 소비를 통한 행복지수를 높이기보다 자신의 내면에 있는 욕망을 조절하면서 행복지수를 높여야 한다는 점이다. 물론 개인의 욕망을 조절한다는 것이 쉬운 일은 아니다. 또한 개인의 욕망을 수치로 전환하기도 어렵다. 하지만 최소한 개인의 욕망에 대한 성찰에서 소비의 품격을 높일 수 있지 않을까 생각한다. 자본주의 사회에서 소비는 피할 수 없는 덕목이다. 하지만 나의 소비의 욕구가 어디서 비롯되었는가에 대한 성찰로부터 소비의 품격을 높일 수 있지는 않을까? 소비가 자본주의의 미덕인 것을 부정하지는 않는다. 하지만 오늘날의 세계는 인터넷, 주변에 넘쳐흐르는 각 종 매체들, 그리고 과학의 발달로 인하여 우리의 소비가 무의식중에 강요당하고 있다는 사실을 인지해야 한다. 그리고 소비를 조장하는 많은 광고들은 소비자의 권리만을 지속적으로 주입시킨다. 어느 곳에서도 '소비자의 예절'을 들어 본 적이 없다. 아담 스미스 시절의 소비와 현대의 소비는 큰 차이가 있다고 본다. 필요에 의한 순수한 의미에서의 소비와, 강요된 소비의 차이를 구분해야 하지 않을까? 그래야지 과학과 손을 잡은 거대한 자본이 움직이고 있는 이 자본주의가 '그들만의 파라다이스'가 될지도 모르는 오늘날의 자본주의의 문제점을 극복할 수 있지 않을까? 끊임없이 새로운 무엇인가를 만들어 내어 자본가의 새로운 부를 창출하기 위하여 또 다른 소비를 부치기는 그 악순환의 고리를 끊을 수 있지 않을까? 그리기 위해 우리는 이 작은 공간에서부터 '소비자의 예절'을 이야기하면서 더불어 모두 잘 살아가는 세상을 위한 마중물로 삼고 싶다.

권력과 성

　남자는 여자를 귀찮게 해! 이런 유행가 가사는 애교로 받아들일 수 있다. 하지만 요즘 뉴스를 보면 남자는 단순히 여자를 귀찮게 하는 것이 아니라 성폭력만 일삼는 야수 같은 존재로 착각을 불러일으킬 정도이다. 남성들의 성폭력과 관련된 새로운 뉴스들이 매일같이 쏟아져 나온다. 법조계부터 시작된 'Me Too 운동'이 방송계, 문화예술계, 학계, 종교계, 군대, 정치계 가릴 것 없이 사회 전반에서 활발히 전개되고 있다. 피해를 당했던 여성들의 입장에서는 그동안 참아왔던 복수의 칼을 제대로 휘두르고 있다. 오뉴월의 서리가 내려도 제대로 내리고 있다. "내 입이 더러워질까 봐 내가 목격한 괴물선생의 최악의 추태는 널리 공개하지 않으려 했는데" 하면서 시작하는 어느 시인의 고발문 전문까지 기사화되었다. 후배 여검사를 성추행한 혐의로 현직 검사가 긴급 체포되었다는 뉴스부터 시작해서, 여배우에게 안마를 해 달라는 어느 연출가, K대 교수 대학원생 성추행, 성추행당한 여군 장교를 또다시 성추행한 어느 장군의 기사, 최근에는 유력 대통령 후보였던 사람조차 수행 여비서를 성 폭행 했다는 기사까지 참으로 사회 곳곳에서 벌어진 남성들의 횡포에 관한 기사가 넘쳐난다. 이쯤 되면 이 나라는 남성들의 권위에 의한 여성들의 성폭행이 매우 심각한 사회임에 분명하다.

남성에 의한 여성의 성폭행은 어제오늘의 일이 아니다. 그와 관련된 이야기를 하자면 하루로는 모자랄 정도이다. 그러나 기사화된 내용들의 공통적인 것은 직장 내의 상하관계, 아니면 갑과 을의 관계에서 이루어진 일들이다. 하지만 언론은 무차별적으로 마치 소설의 한 페이지를 쓰듯이 남성에 의한 여성의 성폭력에 대한 폭로성 기사를 연일 생산해 내고 있다. 그러니 이제는 남성들이 여성들과는 회식조차 안 한다는 '펜스 룰'도 생긴다고 한다. 남성 위주의 사회를 부정하고 싶지는 않다. 하지만 지금의 'Me Too 운동'은 남성과 여성의 문제가 아니라 권력을 가진 남성들이 성적으로 여성에게 권력을 남용한 것이 그 핵심이다. 그 반대의 경우도 없는 것은 아니다. 어느 친구의 이야기이다. 요즈음 자신의 아들이 직장에 나가기 싫어한다고 한다. 그 이유는 여자 상사가 자신의 엉덩이를 툭 건들면서 "튼튼하게 생겼네!"라고 농담을 자주 한다고 한다. 그 아들은 창피함을 느낌과 동시에 놀림을 당한다는 생각에 출근을 하기가 싫어진 것이다. 이것 역시 분명한 여성에 의한 남성의 성희롱이지만, 그 바탕에는 권력의 남용이 자리를 잡고 있다.

인간은 누구나 권력의 의지를 갖고 있다. 권력이란 자신의 의지로 타인의 태도에 어떤 변화를 일으키고, 나아가서 타인 속에서 자기 자신을 발견하고자 하는 욕망을 말한다. 타인이 없으면 권력은 아무 쓸모가 없다. 그러기에 사회 관계 속에서 권력의 탄생은 자연스러운 현상이다. 이러한 권력에는 자유와 폭력이라는 양면성이 있다. 자유로운 권력과 폭력적인 권력이라고 표현할 수 도 있을 것이다. 내가 타인에 대한 아무런 강제 없이 타인 스스로 나의 의지를 받아들일 때 바로 자유로운 권력이 탄생한다. 이러한 자유로운 권력은 타인의 자유를 최대한 보장해 준다. 그리고 자유와 복종이 완전히 합치되는 순간에 이러한 권력은 절대적인 힘을 얻게 된다. 이러한 권력은 타인의 말을 경청하고 타인의 욕구와 요구에 응답하는 권력이기에 생산적이기도 하며, 아무런 강제 없이 타인의 영혼 안에 머물고 있기에 자유롭고, 영원한 권력이 된다. 한편, 우리가 이야기하는 대부분의 권력은 부정적인 측면에서의 폭력적인 권력이다. 이러한 권력은 타인의 자유를 고려하지 않고 자기 자신의 의지를 관철시키려는 권력이다. 이러한 권력관계 속에서 타인은 자유가 제한되며, 자신은 낯선 타인의 의지를 강제로 받아들이게 되는 것이다. 여기서의 권력은 곧, 폭력으로 바뀌게 된다. 이러한 폭력적인 권력은 생산적이기보다 타인을 억압하고, 파괴시키기도 한다.

그리고 이러한 권력은 그 수명이 그렇게 길지도 못하다. 강제된 행위에는 항상 저항이 도사리고 있기 때문이다.

2차 세계대전 때 독일의 한 부대가 유대인 마을에 투입되어, 모든 유대인을 체포하여 남자는 포로수용소로 보내고 나머지는 모두 사살하라는 명령을 받았다. 이 충격적인 명령에 적극적으로 불복하는 병사는 아무도 없었다. 이러한 상황에서의 병사들은 극도로 자유가 제한되어 있으며, 최소한의 저항만 있을 뿐이다. 즉, 자기가 저격수로 걸리지 않기만을 바라는 소극적인 저항뿐이었다. 인간은 이렇듯 폭력적인 권력 앞에 복종하기 쉬우며, 그 복종이 자신의 신념과 어긋나거나 잔혹한 일일지라도 예외적이지 않다. 그리고 사회 전체의 분위기가 개인보다 집단이 우선시되는 사회, 또는 권위주의적인 사회에서는 더욱더 그러한 폭력적인 권력에 저항하기 어렵다. 조선시대의 유교적인 가부장적 전통, 일본의 식민 통치, 그리고 해방이후 냉전체제 속에서 권위주의적인 정권의 탄생, 6·25사변 이후의 군부독재! 이 모든 것이 철저하게 우리 사회를 권위주의적인 분위기에 휩싸이도록 만들었다. 또한, 가장 가까운 군부독재 시절에는 "잘 살아보세!"를 외쳤지만, 또 한편에서는 권력에 의한 국민들의 탄압도 심했던 사회였다. 탄압의 대가로 산업화를 가져다준 그런 사회에서는 폭력적인 권력조차 정당화되어 버렸다. 그러한 조직 속에서의 인간은 항상 권력자의 눈 밖에 벗어나지 않으려는 동기, 주변 사람들과 함께 하려는 동기, 따돌림을 두려워하는 동기, 사회체제를 수용하려는 동기가 작용하기 때문에 권력에 저항하기가 쉽지 않다.

지금 50대 이상의 기성세대들은 모두 그러한 사회분위기 속에서 살았던 사람들이다. 그들 중 많은 사람들은 독재정권에 직, 간접적으로 저항한 사람들이라고 보아도 괜찮을 것이다. 그들이 부정했던 것은 국민의 자유를 탄압했던 폭력적인 권력이었다. 그런데 지금 그들이 그러한 폭력적인 권력을 휘두르고 있다는 것은 참으로 아이러니가 아닐 수 없다. 자신을 인질로 납치한 납치범과 오래 있다 보면 납치범이 자신을 구해 주는 구세주처럼 여겨지는 스톡홀름 신드롬으로 이 현상을 이해할 수 있을까? 아니면 인간은 모두 권력에의 의지가 있기 때문에, 권력을 가진 사람들은 그 권력을 이용해서 돈, 조직에서의 인사, 그리고 성의 탐닉을 추구하는 것이 인간의 자연스러운 본성이기 때문에 그러하다고 이해해야 할까?

자유가 제한된 부정적인 권력은 오래가지 못한다. 인간은 누구나 자율성이 위협받고 자유가 제한되는 것을 거부하기 때문이다. 그러한 부정적인 권력 관계 속에서는 권력의 권위가 약해지면 곧 저항을 받게 되고, 그 순간 권력관계는 깨지게 된다. 인간은 자신의 판단과 신념과 다른 상황적 압력에 처해 있을 때 일단 거부감을 느낀다. 하지만 권력이 강하게 작동하고 있는 동안에는 그러한 거부감이 곧바로 적극적인 저항으로 표현되지는 않는다. 아무런 죄도 없는 유대인을 사살하라는 명령에 모두 거부감은 느끼지만 자기가 저격수로 걸리지 않기를 바라는 소극적인 저항만 갖는 것이 대부분의 인간들이다. 하지만 이러한 상황에서도 권위에 대한 의문을 제기하고, 타인을 돕는 것에 익숙한 사람들이 권력에 반발하고 저항을 행동으로 옮길 가능성이 크다. 그리고 사람들은 결정을 내리기 애매한 상황에서는 타인의 판단기준을 따라가는 경향이 있기에, 4~5명의 동조자만 있어도 그들의 결정에 쉽게 동조하는 경향이 있다. 그래서 저항하는 동료를 발견하고 그들과 함께 저항하는 것이 폭력적인 권력에 더욱더 효과적으로 저항할 수 있는 것이다. 지금의 'Me Too 운동'도 마찬가지이다. 함께 하는 동료가 있기 때문에 그 운동이 사회 전반으로 퍼지고 있다.

최근에는 급기야 학생들을 상습적으로 성추행했다는 의혹에 휩싸인 모 배우이자, 교수가 자살을 했다고 한다. 이제 'Me Too 운동'이 단순한 폭로, 고발 그리고 가해자의 사죄, 더 나아가서 남녀 간의 성차별의 문제로 확산되어서는 안 된다. 이 운동의 본질은 남성에 의한 여성의 성차별이 아니라, 폭력적인 권력의 횡포가 그 본질이라고 보아야 한다. 그래서 이러한 운동이 권력의 올바른 사용으로 이어지는 계기가 되었으면 한다. 타인의 자유가 배제된 폭력적인 권력의 사용은 마땅히 거부해야 한다. 또한 익명적인 권력 역시 경계해야 한다. 여기서 이야기하는 익명적인 권력은 우리 사회 전반에 걸쳐있는 권위주의적인 사회분위기를 의미한다. 익명적인 권력은 자신의 모습을 드러내지 않으면서 타인을 단순하게 반응하게 만든다. 그곳에는 반성, 합리적인 의심조차 생길 수 없다. 그러한 익명적인 권력 속에서 타인은 부정적인 자신의 상황이나 강제나 억압조차 자유로 착각하게 된다. 그래서 우리는 잘못된 사회규범일 수도 있는 이러한 권력의 간계도 경계하여야 한다. 권력의 올바른 사용은 타인의 자유를 전제로 해야 한다. 타인의 자유를 억압하지 않고 타인 속에서 나를 발견하는 권력이 우리가 추구해야 할 권력이다. 타인의 말을 경청하고 타인의 욕구와 요구에 응답하는 권력이야말로 우리 사회를 생산적이고 성숙한 사회로 이끈다고 본다. 이러한 올바른 권력의 사용을 위하여 'Me Too 운동'이 계기가 되어 우리 사회가 더욱더 발전된 사회가 되었으면 한다.

나의 내면에 있는 화성인

듣는 대로 이해할 수 있게 되는 이순의 나이를 지난 지도 몇 해 지났다. 이 나이쯤 되면 구름에 달 흐르듯 모든 선택과 행동이 자연스러워지는 것이 맞을 듯하지만, 나는 여전히 무모한 행동과 아쉬운 선택으로 후회를 많이 한다. 지금 생각해 보면 다양한 선택이 가능했던 총각 시절에 지금의 집사람과 결혼을 선택한 결정을 제외하고는 나의 인생에서 특별하게 기억에 남을 훌륭한 선택을 했던 기억이 그리 많지 않다. 지난해에 아내와 함께 스페인 여행을 하기로 한 계획을 실천에 옮긴 것은 훌륭한 선택이었다. 하지만 여행지에서 벌어진 나의 아쉬운 선택 때문에 즐거워야 했던 스페인 여행은 절반의 성공밖에 거두지 못했다. 지금 생각해 봐도 여행지에서의 나의 선택이 상식에 크게 어긋나지는 않았다고 생각된다. 하지만 아내는 나와 생각이 달랐다.

　사건의 전말은 이랬다. 알람브라궁전의 야경을 구경하고 호텔로 돌아오는 길에 나와 집사람은 호텔 방에서 와인 한잔하면서 오늘의 멋진 여행을 정리하고자 하였다. 호텔에 도착하여 방으로 들어가려는 순간에 일행 중 엄마와 딸이 함께 여행에 참석한 팀이 있었는데, 호텔 야외 식당에서 안주를 많이 시켰으니 함께 와인 한잔하자고 했다. 나는 속으로 "푸짐한 안주와 함께 와인을 마실 수 있다니, 이게 웬 떡이냐" 하고 좋아했었다. 당연히 와이프에게 여기서 함께 와인 한잔하자고 하였다. 나와는 달리 아내는 그 자리가 마음에 들지 않았던 것 같았다. 그래서인지 아내는 나를 보면서 혼자 저분들과 함께 마시고 들어오라고 하곤 혼자 호텔 방으로 올라갔다. 그때까지도 나는 상황의 심각성을 전혀 느끼지 못했다. 부인의 허락이 있었으니 마음 편하게 그 모녀팀과 함께 와인을 두어 잔 마시면서 여행의 아름다움에 대한 담소를 나누고 그 자리를 마무리했다. 그리고 호텔 방에 들어갔는데, 방에 들어서는 순간부터 이어지는 아내의 고문 때문에 그날 이후 아내와 함께한 스페인 여행은 즐거웠기보다 괴로움이 더했다. 지금은 반성을 많이 한다. 여자의 예스는 상황에 따라 다르다는 것을 안다.

　이렇듯 일상생활에서의 나의 선택은 허점투성이다. 나의 내면에는 분명히 화성인이 있음이 분명하다. 나도 나의 내면에 있는 화성인이 이해가 되지 않는다. 며칠 전에는 충격적인 사건이 있었다. 같은 문학 동우회의 회원들과 종로3가에서 기분 좋게 막걸리 한잔하고 귀가하는 중이었다. 나는 5호선을 타야 했었는데 1호선을 타는 쪽의 에스컬레이터를 탔었다. 지금 생각해 보면 당연히 끝까지 올라갔다가 다시 내려오면 되었다. 아니면 최소한 뒤로 돌아서서 앞을 보면서 계단을 내려가면 되었다. 하지만 나의 선택은 뒷걸음치면서 에스컬레이터 계단을 내려오는 쪽을 선택했다. 그러다가 움직이는 에스컬레이터에서 중심을 잡지 못하고 그대로 뒤로 넘어져서 정신을 잃게 되었다. 평지에서 뒤로 넘어진 것도 아니고, 45도의 경사진 에스컬레이터에서 뒤로 넘어졌으니 뇌에 가해진 충격은 엄청난 것이었다. 이것도 병원에서 퇴원한 후에 지하철 역사를 찾아가서 CCTV를 확인한 결과가 그랬다. CCTV를 보기 전까지는 무슨 일이 나에게 발생했는지조차 전혀 기억이 나지 않았다.

병원 응급실에서부터 나의 곁을 지켜주었던 딸의 이야기를 통한 사건의 전말은 이렇다. 금요일 저녁 8시 10분경 사고가 발생했다. 마침 지하철 이용객들이 많은 시간이어서 나의 사고를 목격한 젊은 사람들이 에스컬레이터를 멈추었고, 나를 들쳐 안고 내려와 바닥에 눕혔고, 119를 불렀다. 그와 동시에 나의 핸드폰으로 아내에게도 나의 사고 소식을 전했고, 그 시간이 8시 30분이었다. 아내는 나의 사고 소식을 듣고서 곧바로 간호사인 딸에게 연락하여 딸과 함께 백병원 응급실에 도착했다. 나는 9시 10분경에 종로3가 근처에 있는 중구 백병원 응급실로 입원하였고, 10시경에 뇌 CT를 촬영하였고, 12시경 신경외과 중환자실로 옮겨졌다. 그 과정에 나를 지킨 사람은 나의 딸이었다. 아내는 남편의 끔찍한 사고 모습을 보기 싫어했을 것이다. 의료진이 나의 의식을 깨우려고 여러 시도를 하였는데 이상하게도 나는 의료진의 자극에는 반응하지 않았고, 딸의 의도적인 행동에만 반응했다. "아빠! 눈 떠봐. 나 누구야?" 그때만 내가 반응을 했다고 한다. 의료진들은 나의 의식이 분명하지 않다고 판단하였고, 새벽 4시경에 뇌 CT를 다시 찍어보고 경과를 봐서 뇌수술 여부를 결정하겠다고 딸에게 이야기했다. 지금 생각해 보면 나도 모르게 나의 두개골을 열 수도 있는 끔찍한 순간이었다.

 이 모든 과정이 나에게는 죽음이었다. 죽음은 신체적인 기능과 인지적인 기능이 멈추었을 때를 의미한다. 물론 그 당시 신체적인 반응은 정상에 가까웠다. 하지만 나는 사고 당시부터 병원에서 일어났던 모든 일이 전혀 기억이 나지 않았다. 인지적 기능은 죽음에 가까웠다. 만약 그렇게 있다가 뇌출혈이 계속되어 후유증이 심한 뇌수술을 시행하고, 수술의 결과가 좋지 않았다면 나는 이 순간에 이 글을 쓸 수 없었을 것이다. 죽음이란 이렇게 우리 주변에 편재되어 있다, 다행히 나는 뇌실질 출혈이 더 이상 진행되지 않았고, 지주막하출혈에서 멈추었기 때문에 새롭게 태어난 것이나 다름이 없었다. 다음 날 아침 11시경 면회를 온 아내를 보면서부터의 모든 기억은 또렷했다. 어쩌면 나는 그 당시 부활했는지도 모른다.

 사고 당일 함께 술을 마신 문우들에게 연락이 왔다. 함께 즐거웠던 시간을 가졌고, 술도 많이 마시지 않았는데 어떻게 그런 일이 발생했냐는 놀라움의 표현들이었다. 그날 우린 술을 마시면서 서로 살아왔던 서사적인 궤적에 관한 이야기를 나누었다. 아직도 기억에 남는 것은 젊었을 때 사귄 여인이 있었는데 나이가 50대에 고향에서 우연히 만났지만, 집에 돌아가는 열차 시간 때문에 기차역 플랫폼에서 서로 뜨거운 악수만 하고 헤어진 사건을 이야기했었다. 문우들이 이구동성으로 "당신은 연애할 스타일이 아니다. 그 순간 열차표를 찢어버렸어야 했다"라고 한다. 나의 내면에 있는 화성인은 열차표를 과감히 찢어버리지 못했다. 그게 나인지도 모른다. 또 한 문우는 "천국에 다녀오셨으니 조만간에 부활 주 한잔하시지요!"라고 문자가 왔다. 흔쾌히 응답했다. 조만간에 다시 만나기로 했다.

죽음은 나를 비껴갔지만 죽음은 모든 인간에게 필연적이면서, 가변적이고, 예측 불가능성이 있으며, 편재성이 있다. 만약 죽음을 앞두고 심판의 날이 있고, 심판의 날에 신들이 죽은 자들을 부활시킨다면 며칠 전에 나를 부활시킨 사람은 신이 아니고 바로 나의 딸이었다. 죽음을 감수하면서까지 기꺼이 해야 할 일들이 있을까? 나의 행동은 죽음을 부를 수 있는 무모한 행동이지만 아무런 의미도 없는 아쉬운 선택이었다. 나의 내면에 있는 화성인은 그렇게 엉뚱한 일들을 가끔 꾸민다. 하지만 이제는 죽음의 편재성이 항상 나와 함께 하고 있다는 것을 경험했기에 더욱더 내 삶에 충실해야겠다. 나의 내면에 있는 화성인과 자주 대화를 나누어야겠다. 내 주변에 있는 사람들에게 상처를 주지 않는 나의 삶을 관리하는 것이 바로 부활의 의미가 아닌가 생각해 본다. 사고 현장에서 나를 도와준 공동체 의식을 가진 많은 시민들과 나를 치료해 준 주치의 선생님, 그리고 나를 깨워 준 나의 딸에게 고마움을 전한다.

마음이 아픈 사람들

 지금은 그만두었지만 나는 편의점을 운영한 적이 있었다. 편의점 일이라는 것이 바쁘게 움직이면 커피 한 잔 마실 여유조차 없는 경우도 있지만, 게으름을 피우면서 무료할 정도로 한가하기도 하다. 한가하면 잡생각도 많이 생긴다. 마음이 아픈 사람들을 상담하는 정부가 인정하는 임상심리사 자격증을 따보자고 생각했던 것도 그때 즈음이었다. 지금 생각해 보면 무모한 도전이었지만, 그 당시에는 따분함을 극복하는 길이기도 했었다. 120시간의 실습과 인터넷 강의를 통한 학점 취득! 1차 시험의 합격률은 80% 정도이지만, 2차 시험의 합격률은 20% 정도에 불과했다. 나에게는 자격증 취득이 꼭 필요한 것은 아니었지만, 새로운 것에 도전해 본다는 것이 즐거웠다. 모든 과정에 최선을 다했다. 인터넷 강의도 열심히 들었고, 심리학과 관련된 서적들도 많이 읽었다. 편의점에서 책을 읽으면서 여유롭게 보내는 시간도 즐거웠지만, 영화 '굿 윌 헌팅'의 심리학 교수 숀의 모습을 그려보는 재미도 쏠쏠했었다.

그날은 편의점에서 심리학과 관련된 책을 읽고 있었다. 옆집 순댓국집 사장이 가게에 왔다가 내가 심리학 책을 읽고 있는 것을 보았다. "사장님이 왜 이런 책을 보세요" 그는 다소 놀란 표정으로 물었다. "임상심리사 자격증 취득하려고요" 난 특별한 의미 없는 미소를 지으며 대답했다. 그때까지만 해도 나는 그가 마음이 아픈 사람인지 전혀 눈치 채지 못했다. 내가 임상심리사 자격증을 위한 공부하고 있다는 것을 알고부터 그는 우리 가게에 자주 놀러 왔다. 그는 오래전부터 심한 우울증을 앓고 있었다. 지금도 정신과 약을 먹고 있다고 하였다. 그가 우울증을 앓고 있는 이유는 이 세상에 자신을 이해해주는 사람이 없다고 생각하기 때문인 것 같았다. "나는 어릴 적에 천재라는 소리를 듣고 자랐어요. 그런데 대학교를 졸업하고 회사에 가 보니 별것 아닌 인간들이 큰소리치고 해서 회사 때려치우고 순댓국집을 차렸어요. 벌써 20년이 지났네요."

나는 그의 이야기를 열심히 들어주었다. 이야기 도중에 "마음이 아팠겠군요", "그런 일이 있었군요" 등 심리상담 이론에 나오는 상담 기법들도 적절히 사용하였다. 우울증에 시달리는 사람 대부분은 역기능적인 신념들을 가지고 있다. '인지삼제'라는 사고의 틀이다. 모든 잘못은 자기 때문이며, 주변의 환경은 나를 도와주지 않고, 나에게 밝은 미래는 없다고 생각한다. 그러니 현실에 있어서 재미있는 일이 있을 수가 없다. 대화 도중에 우울증과 관련된 심리학적 증상들을 간간이 이야기해 주면, 그 사장은 "딱 맞는 이야기이다. 어떻게 그렇게 잘 아냐"라고 장단도 맞춰준다. 편의점을 그만둔 이후로는 그를 만난 적이 없었다. 그런데 며칠 전 우연히 그 순댓국집에서 소주를 한잔했다. 나는 지나가는 말로 "요즘은 마음이 좀 편하세요"라고 물었다. 그의 이야기가 뜻밖이었다. "사장님 그만두고 나니 이야기할 사람이 없어서 지금은 몸과 마음이 더 아파요"라고 한다. 물론 내게 듣기 좋은 소리로 한 빈말이라고는 생각했다. 하지만 한편으로는 자신의 이야기를 들어줄 사람이 없다는 것이 마음이 아픈 사람들에게는 큰 고통일 수 있겠다는 생각이 들었다.

지난해 1월이었다. 친한 친구가 어렵게 이야기를 꺼냈다. 자기 아들이 서른다섯인데 정신적으로 어려움이 있어서 직장도 못 구하고 집에만 있다는 것이었다. 정신과 의사인 친구에게도 다녀봤는데 별 도움이 되지 못했다고 한다. 지금은 대학병원 정신과에 다니면서 약은 꾸준히 먹고 있지만, 상태의 변화는 없다고 한다. 그러면서 나에게 자기 아들을 상담해 달라고 부탁을 하는 것이었다. 아버지로서 오죽 답답했으면 정식으로 자격증도 없는 사이비 상담사인 나에게까지 자식을 부탁했겠는가? 나는 정상적인 상담은 아니지만, 흔쾌히 친구 아들의 이야기를 들어는 보겠다고 하였다. 그렇게 해서 그 친구 아들과는 지금까지 특별한 일이 없으면 일주일에 한 번씩 그의 이야기를 들어주고 있다. 벌써 일 년이 훌쩍 지났다.

"선생님! 하늘과 땅이 바뀐 것 같아요."
"응? 그게 어떻게 가능하지?"
"나도 몰라요. 그리고요, 윗집에 계속 나보고 욕을 하는 소리가 들려요! 도청장치를 설치해 놓은 것이 분명한데 부모님은 아니라고 해요!"
"그렇구나! 너 기분이 어떨 때 그런 소리가 들리더냐?"
"혼자 있을 때 그래요!"
"혼자 있을 때 불안하다고 전에 이야기했는데, 불안할 때 그런 소리가 많이 들리겠구나!"

나는 차분하게 그의 이야기를 들어주었다. 그는 자기만의 세계에 갇혀있다. 환청이 가장 큰 문제였다. 일 년이 지난 지금 그의 부모는 자기 아들이 많이 좋아졌다고 한다. 나는 그의 이야기를 대부분 수용해 준다. 그리고 문제가 되는 상황을 함께 해결해 가려고 노력한다. 요즘은 생활일기를 써보라고도 하고, 또한 자존감을 높이기 위해 그에게 많은 칭찬을 하고 있다.

단 두 명의 상담 경험임에도 불구하고 나는 많은 것을 느꼈다. 경청해 주고, 공감해 주는 것이 마음이 아픈 사람들에게는 큰 힘이 된다는 것을 알게 되었다. 하지만 그것이 쉬운 일이 아니다. 마음이 아픈 사람들의 이야기를 직업으로써 들어주는 것은 많은 노력과 인내가 필요하다. 그 자체가 또 다른 나의 아픔이 될 수도 있다. 임상심리사는 그래서 더 어려운지도 모르겠다. 특히 60이 넘은 나에게 직업으로서 임상심리사는 과분하다는 것을 알게 되었다. 지난해에 자격증시험 1차 합격 후에 2차 시험은 당연히 포기했다. 그 수많은 가슴 아픈 이야기를 모두 경청하기엔 내 마음이 너무 여리다는 것을 알게 되었다. 다만 나의 노력이 내가 아는 어떤 한 사람에게 정신적인 힘이 되어 줄 수 있다면, 그것으로 나는 만족한다.

얼마 전 친구 아들과 면담을 마치고 집 근처 청과물 시장을 지나쳤다. 그날은 유난히도 청과물 시장 배추가게 앞에 나뒹구는 늘 부러진 누른 배춧잎이 눈에 띄었다. 싱싱하고 푸른 통배추에서 떨어져 나간 누른 배춧잎! 정신의 황폐함이 어쩌면 저럴지도 모르겠다고 생각했다. 분리되어 누렇게 변색된 배춧잎은 저 혼자 고통스럽다. 마음이 아픈 사람들은 떨어져 나간 배춧잎처럼 분리된 상태에 놓여있게 된다. 그들은 그들만의 섬에 갇혀있는 것이다. 탈출하고 싶어 하지만 스스로 탈출하기가 힘이 든다. 그들의 이야기를 진심으로 들어주는 것이 유일한 탈출구일지도 모른다. 경청과 공감! 그것이 그들의 탈출구이다.

시를 쓰는 여인

　내 나이 이제 갓 60이 넘었지만 나는 아직 이순의 경지에 다다르지 못했다. 아내와 어머님의 마음은 이해하지만 고부관계는 원만하게 풀어내지 못한다. 결혼 이후 어머니와 한 지붕 아래 산 지도 벌써 30년이 지났다. 그 사이에 어머님의 연세는 90 하고도 다섯 해를 넘기셨고, 아내의 나이도 이제 곧 60이다. 아내와 나, 그리고 엄마! 첫 시작은 사랑이면 모든 것을 녹일 수 있다고 믿었다. 아내는 남편을 믿고, 어머니는 아들을 믿고 그렇게 살아왔다. 하지만 부부관계는 형광등이고 모자관계는 백열등인 것 같다. 둘 다 가정의 어둠을 밝히지만, 형광등은 빛이 은은하면서 효율적이고, 백열등은 뜨겁기만 하고 그다지 효율적이지 못하다. 그에 비하면 고부관계는 풍전등화이다. 바람이 불지 않으면 안정적으로 어둠을 밝히지만 바람만 불면 촛불은 항상 심하게 흔들리면서 위태롭기까지 하다. 바람의 근원을 알아도 나는 그 바람을 잠재울 수 없다. 그럴 때면 촛불을 지키려는 나는 항상 좌불안석이 된다.

30년의 긴 세월 동안 아내와 어머니가 부딪힌 일이 어디 한두 번이었겠나? 아내는 가끔 자기 속이 다 뭉그러졌다고 이야기한다. 아내와 어머니의 충돌은 아주 가벼운 일상에서 생긴다. 아내는 가끔 아침 식사 후에 나와 이런저런 이야기하면서 휴식을 취한다. 잠시 휴식을 즐기다가 설거지를 할 요량이면 그 틈에 어머님이 나서신다. 설거지를 어머님이 하시는 것이다. 아내의 감정은 폭발한다.

"어머님! 설거지는 제가 할 테니 제발 부엌일은 저에게 맡겨주세요!"

어머니의 생각은 달랐다.

"내가 너를 도와주려고 그러지!"

나는 중간에 끼어든다.

"며느리가 하지 말라는 것 안 하면 서로 좋을 텐데 왜 그렇게 하려고 하세요!"

그러면 어머니는 "어휴! 어찌 너는 이 어미를 그렇게 싫어하냐!"라고 하신다. 참으로 답답하다. 내가 어떻게 할 수가 없다. 어느 날은 어머니가 아내에게 조용한 목소리로 "너희들 요즘 싸웠냐? 서로 말도 안 하고 각방을 쓰고 있네"라고 물으셨다. 사실은 서로 각방 쓰는 것이 편하다. 그리고 서로 할 일을 하다 보면 말을 안 할 때도 있다. 어머니는 부부관계에도 관여하는 것이다. 아내는 또 불평을 쏟아낸다.

"그걸 아들에게 묻지 왜 제게 물으세요?"

나는 침묵한다. 가끔은 내가 잘못한 일이 있을 때도 있다. 어머니는 항상 아들 편이다. 하지만 아내는 같은 여자로서 며느리 편을 들어주지 않는 시어머니가 야속하기만 했다. 아내의 마음을 모르는 바는 아니다. 하지만 나는 어떻게 할 수가 없다.

지난해에 어머니는 원인 모를 호흡 곤란으로 의식을 잃고 쓰러지셨다. 한 달 보름간을 병실에서 위험한 고비를 여러 번 넘기셨다. 그동안 아내는 매일 시어머니의 병상을 지켰다. 얼마 전 제주도에 사는 누님에게 전화를 받았다. 말인즉슨 죽다가 살아난 엄마에게 좀 더 살갑게 대해 주라는 것이었다. 참으로 답답한 노릇이다.

"무슨 이야깁니까?"

누님의 대답이 뜻밖이었다.

"요즘 엄마에게 말도 안 한다면서?"

아마 어머님이 누님에게 불만을 털어놓으셨던 것 같다. 사실 병원 퇴원 후 한 달간은 휠체어 생활을 하시는 어머니에게 아침, 점심, 저녁을 챙겨드려야 했다. 아내가 없는 점심상 마련은 내 몫이었다. 생전 처음으로 아들이 챙겨주는 밥상을 받은 것이었다. 생애 최고 행복한 날들이었을 것이다. 아들에 대한 정도 더욱더 깊어져 같을 것이다. 반면에 하루도 빼놓지 않고 병상을 지켜준 며느리에 대한 배려는 점차 식어가셨다. 나는 그런 어머니가 참으로 불편했다. 나보다 며느리에게 더 많은 애정을 가져주면 내 마음이 한결 편할 텐데 어머니는 그것을 못 하신다. 그러니 어머니에게 따뜻한 말 한마디 하는 것이 겁이 난다.

어머니가 병상에 있거나 육체적으로 힘이 들 때 가장 먼저 발 벗고 나서는 사람은 며느리이다. 나는 의도적으로 어머니가 나보다 아내에게 더 많이 의존하도록 어머니와 관계된 많은 일은 아내에게 미룬다. 가끔은 고부관계가 좋을 때도 있다. 그러나 오래가지 않는다. 그러다가 어느 순간 또다시 어머니에게 며느리는 잉여인간이 되어버린다. 그래도 아내는 현명했다. 어머니에 대한 스트레스를 집안일이 아닌 다른 무언가에 집중하면서 풀려고 한다. 시를 써보겠다고 한다. 나는 적극적으로 찬성했다. 얼마나 다행스러운가? 30년 동안 함께 생활하면서 터득한 삶의 지혜라고 생각한다. 내가 아는 60이 넘은 어떤 여성은 함께 사는 친정어머니 때문에 매일 술로 하루하루를 버티는 사람도 있다. 남편과 함께 살지 않고 어머니와 함께 사는데 어머니가 거동이 불편하여 옆에서 보기가 너무 안타깝다고 한다. 그리고 나이가 60이 넘은 딸이지만 어머니 눈에는 여전히 딸이기에 사사건건 간섭을 많이 한다고 한다. 그런 불만 때문에 스트레스가 엄청나고, 그 스트레스를 술로 푼다고 한다. 그에 비하면 나의 아내는 건강하게 스트레스를 풀고 있다.

어느 날 어머니는 혼자 두런거리셨다.
"내가 너무 오래 살았다.
살 만큼 살았으니
이제 가도 서러울 것 하나 없건만
가는 길이 어찌 이리 힘이 드냐!
사는 것이 힘들다."
귀가 번쩍했다. 어머니도 시를 쓰신다. 거동이 불편하여 집에서 혼자 계시는 어머니의 쓸쓸한 마음이 저런 고통의 시를 쓰게 하나 보다. 내 가슴을 후려쳤다. 하지만 그런 어머님에게 무엇 하나 시원하게 답을 내놓을 수 없는 나 자신이 한없이 죄송할 따름이다.

가족 심리상담을 할 때 가계도를 그린다. 가계도의 중심은 부부이다. '가화만사성'도 부부가 중심이 된 가정의 화목이 중요하다. 자식이 가정을 꾸리고 나면 부모님은 가족의 중심에서 한 걸음 물러나야 한다. 어머님이 점점 노쇠해지면서 아들에 대한 집착이 강해지시는 것 같다. 판단력도 떨어지신다. 신혼 초에는 그래도 젊은 우리가 참고 살자고 했는데, 결혼생활 30년이나 지난 지금에조차 아내에게 "참고 살자"라고 말할 수는 없다. 지금까지 시어머니와의 관계에서 큰소리 한번 못 하고 꾹 참고 살아온 아내의 입장을 너무나 잘 알기 때문이다. 그런 아내가 옆에 있어 줘서 고마울 따름이다. 아내도 이제 할머니가 되었다. 내 나이 이순이 지났지만 나는 아내와 엄마 사이에서 무엇 하나 시원하게 해결하지 못한다. 아내는 나에게 묻는다.

"내가 왜 이렇게 살아야 하지?"

나는 대답할 수가 없다. 사실 답을 알지 못한다.

"내가 그렇게 싫으냐?"

어머니가 때때로 던지는 질문에도 대답할 면목이 없긴 마찬가지다. 다만 아내에게 미안하고 엄마에게도 죄송하다. 엄마가 아직 살아계신 것에 감사하고 아직 시어머니를 모셔주는 아내에게 감사한다. 풍전등화이지만 그 촛불을 지키는 일이 내 몫인 줄은 알고 있다.

아내와 엄마

　내 나이 이제 갓 60이 넘었다. 듣는 대로 이해할 수 있다고 하는 이순의 나이다. 옛날에는 오래 사는 분들이 드물었기에 60이면 어른 중의 어른이었을 것이다. 그래서 60이면 세상 모든 일에 통달할 나이가 되었다는 뜻으로 이순이라고 했는지도 모른다. 나는 아직 듣는 대로 모두 다 이해할 수 없다. 80은 되어야 그럴 수 있을 것 같다. 결혼 이후 어머니와 함께 한 지붕 아래 산지도 벌써 30년이 지났다. 처음에는 아무것도 모르고 함께 살았다. 시어머니를 모시고 사는 것, 그리고 며느리와 함께 사는 것이 얼마나 불편한지 아내와 어머니도 서로 몰랐다. 나 역시 나를 중심으로 아내와 어머니의 갈등이 어떤 것인지 전혀 몰랐다. 지금에서야 하는 말이지만 혹시 알았다고 해도 그 해결책이 없어 보인다.

그동안 아내와 어머니가 부딪힌 일이 어디 한두 번이었겠나! 아내는 가끔 나에게 이야기한다. "나는 내 속이 다 뭉그러졌다." 나는 그런 아내에게 항상 미안함을 느낀다. 90이 훨씬 넘은 어머니는 60이 넘은 아들에게 오늘도 "밥 잘 챙겨 먹고 다녀라!"라고 하신다. 며칠 전의 일이다. 아내가 만들어 놓은 국이 저녁까지 먹기에는 좀 적었다. 그냥 두어도 될 터인데 어머니는 물을 더 붓고 양념을 더 해서 양을 부풀려 놓으신다. 혹시 아들이 밥 먹는데 국이 부족할까봐서 그러신다. 아내는 이상한 표정으로 이야기한다. "어? 국이 왜 이렇게 싱거워졌지?" 어머니는 아무런 일도 없는 듯 시치미를 떼신다. 아내는 별다른 불평을 하지 않고 맛이 변한 그런 국을 먹지만 나는 아내 마음을 달래기 위해 아내에게 남은 국 모두 버리라고 한다. 그렇게 생활한 세월이 벌써 30년이 지났다. 세월이 약이던가, 과거의 한 시점에 발생한 아픔은 세월이 흐르면 약이 되는 것 같다. 근본적인 원인을 치유해 주는 약이 아니라 단지 증상만을 완화시켜주는 약이다. 망각은 가끔 정신건강에 도움을 주기도 한다.

지난해에 어머니는 원인 모를 호흡 곤란으로 의식을 잃고 쓰러지셨다. 응급실과 중환자실에서 10일, 일반병실에서 한 달간 사투를 벌이는 동안 아내는 매일 시어머니의 병상을 지켰다. 그런 아내인데 어머니는 오직 아들 생각뿐이다. 얼마 전 제주도에 사는 누님에게 전화가 왔다. "너는 엄마가 불쌍하지도 않나? 죽다가 살아난 엄마에게 왜 좀 더 따뜻하게 대해주지 않느냐?" 참으로 답답할 노릇이다. "무슨 이야기냐?"라고 했더니 누님의 이야기가 뜻밖이었다. "너 요즘 엄마에게 말도 안 한다면서?"라고 한다. 퇴원 후 한 달간은 어머니에게 아침, 점심, 저녁을 챙겨 드려야 했다. 아내가 없는 점심때에는 내가 끼니를 챙겨드렸다. 그러다 보니 아들에 대한 정이 더욱더 깊어진 것 같다. 한편 어머니가 죽음의 문턱을 넘나들 때 하루도 빼놓지 않고 병상을 지켜준 며느리에 대한 배려는 점차 적어지셨다. 나는 그런 어머니가 참으로 불편하다. 나보다 며느리에게 더 많은 애정을 가져주면 내 마음이 한결 편할 텐데 어머니는 그것을 못하신다. 그러니 따뜻한 말 한마디 하기가 겁이 난다.

딸과 함께 모처럼 저녁 식사를 한 적이 있었다. 그날도 어머니는 폭탄 발언을 하셨다. 손녀에게 이렇게 말씀을 하신다. "난 하루 종일 너와 아빠가 출근할 때 할머니에게 하는 인사 듣는 재미로 사는데, 오늘은 아무런 이야기도 하지 않고 갔네." 사실 아내도 매일 아침마다 출근을 한다. 그런 아내에 대해서는 아무런 언급이 없다. 아내의 입장에서 어머니의 저 말은 어떻게 들렸을까? "난 뭐지? 나만 왕따인가?" 어머니의 관심 대상에 며느리는 빠져있다. 그 순간 난 아무런 말도 못 했다. 아내의 얼굴을 쳐다보기조차 힘들었다. 아마 아내는 한 귀로 듣고 한 귀로 흘려버렸을 것이다. 30년 동안 함께 생활하면서 터득한 삶의 지혜라고 생각한다. 사실 아내는 요즘 집안일이 아닌 다른 무언가에 집중한다. 시를 써보겠다고 한다. 나는 적극적으로 찬성을 했다. 얼마나 다행스러운가? 내가 아는 60이 넘은 어떤 여성은 함께 사는 친정어머니 때문에 매일 술로 하루하루를 버티는 사람도 있다. 남편과는 함께 살지 않고 어머니와 함께 사는데 어머니가 거동이 불편하여 옆에서 보기가 너무 안타깝다고 한다. 그리고 나이가 60이 넘은 딸이지만 어머니 눈에는 여전히 딸일 수밖에 없으니 사사건건 간섭을 많이 한다고 한다. 그런 불만 때문에 스트레스가 엄청나고, 그 스트레스를 술로 푼다고 한다. 그에 비하면 나의 아내는 건강하게 스트레스를 풀고 있다.

가끔은 아내도 나에게 불평을 한다. 식사 후에 아내가 설거지를 하지 않고 잠시 쉬려고 하면 어머니는 어김없이 부엌에 등장하여 설거지를 하려고 한다. 아내는 어머니에게 "내가 할 테니 제발 가만히 좀 계세요!"라고 한다. 그리고는 나에게 화살이 돌아온다. "왜 내가 이렇게 살아야 하냐? 밥 먹고 좀 쉬지도 못하게 만드나?" 시어머니에 대한 불만이 나에게로 투사된다. 참으로 답답하다. 내가 어떻게 할 수 없다. 나는 잠자코 아내의 불평을 듣기만 한다. 또 한 번은 어머니가 아내에게 조용한 목소리로 묻는다. "너희들 요즘 싸웠나? 서로 말도 안 하고 각 방을 쓰고 있네." 사실은 서로 자기 하고 싶은 일을 한다. 아내는 방에서 책을 읽고 나는 거실에서 TV를 볼 뿐이다. 그럴 때면 또 아내가 나에게 불평을 쏟아낸다. "왜 어머니는 나를 이렇게 괴롭히나?"라고 한다. 때로는 분명히 남편의 잘못인데 같은 여자로서 며느리 편을 들어주지 않는 시어머니가 야속하기만 하다고 한다. 아내의 마음을 모르는 바는 아니다. 그렇다고 해결할 수 있는 길도 없다.

　가족 심리상담을 할 때에는 가족 가계도를 그린다. 가족 가계도의 중심은 부부이다. '가화만사성'이라 할 때도 부부가 중심이 되어 가정을 화목하게 이끌어 가야 한다. 남편이기 전에 한 부모님의 아들이지만, 가정을 꾸리고 나면 부모님은 가족의 중심에서 한 걸음 벗어나 있어야 한다. 그럼에도 불구하고 부모님이 가족의 중심에 끼어들게 될 경우 가족의 불화가 발생하게 된다. 신혼 초에는 젊은 우리가 연세 드신 어머니를 이해하면서 참고 살자고 했다. 하지만 30년이나 지난 지금에도 아내에게 "참고 살자."라는 말을 할 수는 없다. 지금까지 시어머니와의 관계에서 큰소리 한번 못하고 꾹 참고 살아온 아내의 입장을 너무나 잘 알기 때문이다. 그런 아내가 옆에 있어 줘서 고마울 따름이다. 가끔씩 어머니는 "이렇게 오래 살아서 뭐하나? 어디 가서 약 좀 구해 줘라!"라고 하신다. 그리고는 약 먹고 잠자면서 편안하게 내 고향으로 갈 수 있도록 해 달라고 하신다. 집에서 혼자 심심해하시는 어머니의 마음을 내가 왜 헤아리지 못하겠나? 이해는 하지만 어떻게 할 수가 없다. 내 나이 이제 이순이 지났지만 나는 아내와 엄마 사이에서 무엇하나 시원하게 해결하지 못한다. 아내는 나에게 "내가 왜 이렇게 살아야 하나?"라고 하고, 어머니는 "내가 그렇게 싫으냐?"라고 하신다. 그런 아내에게 나는 미안하고, 또 한편 아직까지 살아계신 엄마에게 고마움을 느낀다.

영등포의 빛과 어둠

　서울 생활 벌써 30년이 가까워진다. 서울에서의 첫출발은 영등포구 당산동에 위치한 시범아파트 전세를 살면서부터이다. 건축한지 30년이 지난 5층짜리 낡고 허름한 아파트였다. 하지만 건물과 건물 사이에는 큰 나무들도 많았고, 주차공간도 넓었다. 넓은 공간이 역사를 상징하고 있었다. 나는 그 아파트가 좋았다. 서울 생활한 지 얼마 되지 않아 시골에 사는 처남이 놀러 온 적이 있었다. 나중에 안 일이지만 처남은 우리가 사는 아파트를 보고 깜짝 놀랐다고 했다. "서울에 사는 줄 알았는데, 난민촌에서 사는구나!" 처남의 생각이었다. 아파트 외벽은 곳곳에 미세한 균열이 생겼고, 나무로 된 현관문도 뒤틀어져 있었다. 창문틀도 휘어져 있었고, 방바닥은 평평하지 않았다. 처남의 생각도 일리는 있었다. 처남이 사는 시골에는 그처럼 낡은 아파트가 없었다. 이웃 동네인 양천구 목동 신축 아파트를 분양받아 이사를 하게 된 것은 서울 생활 약 3년이 지난 후였다. 처남이 생각하는 난민촌에서의 탈출이었다. 지금 그곳에는 새로운 아파트가 지어졌다. 삼성 래미안이다. 그것이 암흑에서 광명으로의 진보라고 말 하기는 어렵지만, 그곳은 그렇게 변했다.

　영등포구로 다시 이사하게 된 것은 아이들이 2호선 근처의 대학교에 입학하면서이다. 아이들의 편리한 교통을 위하여 2호선 문래역 근처로 이사를 했다. 이곳에서 산지도 벌써 10년이 지났지만, 이곳도 많은 변화가 있었다. 입주 초기에는 주변에 높은 건물들이 많지 않았다. 지금 눈앞에는 50층짜리 주상복합 아파트가 우뚝 솟아 있고, 또 옆으로 눈을 돌리면 20층짜리 사무실 건물들이 즐비하게 들어서 있다. 아파트 바로 옆에는 넓은 공터가 있는데, 그곳은 제2세종문화회관이 들어설 장소라고 한다. 집에서 200미터쯤 영등포역 쪽으로 걸어가면 복합쇼핑몰인 타임스퀘어 건물이 있다. 타임스퀘어는 비교적 최근에 완공된 건물이어서 주변의 도시 환경과 아름다운 조화를 이루고 있다. 타임스퀘어의 화려한 건물 안에는 백화점, 이마트, 영화관, 교보문고, 오락실, 유명 커피숍 등 여러 상점들이 함께 모여 있다. 그곳에 가면 모든 것이 다 있다. 화려하고 풍요로운 곳이다. 소비사회의 상징물이기도 하다. 주말만 되면 돈을 쓰고자 하는 사람들이 이곳으로 모여든다. 주차장으로 진입하는 차량들은 두 개의 차선을 점거한다. 교통지옥이 따로 없다. 그 길을 지나치는 운전자는 짜증이 끓어오르지만, 그곳을 찾는 사람들은 "기다림이 진정한 쇼핑의 시작이야"라고 여유를 부릴지도 모른다. 소비의 즐거움을 만끽하려는 사람들이다. 소비는 자본주의의 빛일 지도 모른다. 하지만 상품이 전하는 아름다운 유혹은 무섭다. 온갖 매체를 동원하여 일종의 지령을 내린다. "나의 선택은 당신의 행복이다." 사람들을 향한 상품의 참을 수 없는 유혹은 마약과도 같다.

아무런 변화가 없는 곳도 있다. 타임스퀘어 바로 옆에 위치한 영등포 청과물시장이다. 일 층짜리 옛날 가옥 그대로이다. LED 조명의 새로운 간판만 현대식이다. 이른 아침이나 낮에는 야채와 과일을 사는 사람들로 조금 붐비지만, 새벽만 되면 새로운 풍경이 펼쳐진다. 청과물시장의 새벽은 삶의 아우성이다. 지방에서 야채와 과일을 싣고 올라오는 대형 화물차로 늘 번잡하다. 타임스퀘어와는 다른 종류의 교통 혼잡이다. 돈을 벌려는 사람들의 아우성이기에 더욱 치열해 보인다. 대형트럭들이 2차선의 좁은 차선을 모두 막는다. 그들은 타인에게 피해를 주지 않기 위해서 새벽을 이용하는지도 모른다. 그들이 떠난 후 지저분해진 청과물시장 거리는 그들보다 가난한 사람들이 청소를 해 준다. 이른 아침에 그 길을 걷다 보면 부지런히 몸을 움직이면서 살아가는 사람들을 만날 수 있다. 손수레를 끌면서 패지나 스티로폼, 빈 박스 등을 수거하는 초라해 보이는 노인들이다. 등도 휘어진 노구를 이끌고 손수레를 끌면서 생계를 유지하는 사람들의 삶이 힘들어 보인다. 자본주의의 어둠 일지도 모른다.

　청과물시장과 함께 아직도 과거의 모습을 간직한 곳이 또 한 곳 더 있다. 타임스퀘어 뒤쪽에 위치한 홍등가이다. 어둠이 거리를 으슥하게 뒤덮으면 붉은 조명을 밝히고 지나가는 사람들의 시선을 사로잡는다. 모든 벽은 유리창이고 붉은 커튼, 붉은 조명, 그리고 짧은 치마에 짙은 화장을 한 젊은 아가씨들이 지나가는 사람들에게 유혹의 눈빛을 보낸다. 타임스퀘어는 물건이 사람을 유혹하지만, 이곳은 사람이 사람을 유혹한다. 물론 할아버지들과는 눈빛을 마주치지 않는다. 눈빛이 마주치면 고개를 돌린다. 나는 비교적 젊은 할아버지이지만 간혹 그들과 눈빛이 마주치는 때도 있다. 그곳을 몇 번 지나친 경험이 있는 나는 그들에게 따뜻한 미소를 보낸다. 힘들게 살아가는 사람들에게 보내는 최소한의 배려라고 생각할 뿐이다. 얼마 전 시골에 사는 친구가 놀러 와서 그 거리를 함께 걸었던 적이 있었다. 그 친구는 그 거리를 걷는 내내 얼굴을 들지를 못했다. 그에게는 그곳이 낯선 환경이었던 것 같았다. 나는 그 거리를 걸을 때면 생각한다. 저들도 한가한 시간에 타임스퀘어에서 명품을 살까? 자유인이기에 그럴지도 모른다. 하지만 돈을 벌기 위해 자신의 몸을 팔정도로 절박한 삶은 도대체 무엇일까?

　영등포는 다양한 사람들이 함께 살아간다. 타임스퀘어의 화려한 건물은 다양한 상품들로 사람들을 유혹한다. 그곳을 찾는 사람들은 소비함으로써 자기 정체감을 찾는 사람들이다. 청과물시장의 새벽은 또 다른 분위기이다. 노동자들의 땀 냄새를 맡을 수 있다. 새벽 공기를 마시며 노동으로 살아가는 사람들의 치열한 삶의 현장이다. 홍등가의 늦은 밤과 새벽은 욕망으로 뜨거워진다. 호객 행위는 없지만, 젊은 여성들의 짧은 치마와 매혹적인 눈빛으로 지나가는 남성들을 유혹한다. 자본의 소비로 즐거움을 찾는 사람들, 돈을 벌기 위해 노동을 파는 사람들과 자신의 몸조차 파는 사람들이 서로 이웃하고 있는 곳이 영등포이다. 소비는 아름답고 노동이 추하다고 말할 수는 없다. 다만 소비는 풍요롭고, 노동은 절박할 뿐이다. 그것이 어쩌면 자본주의의 빛과 어둠일지도 모른다. 빛이 있기에 어둠이 있고, 어둠이 있기에 빛은 더욱 밝게 빛난다. 빛과 어둠은 서로를 잠식하기도 한다. 빛과 어둠 사이에는 아무런 위계질서가 없다. 빛은 어둠을 은폐시키기도 하지만, 어둠은 빛을 부각시키기도 한다. 빛과 어둠은 상호보완적일 뿐이다. 서울의 영등포는 그런 빛과 어둠이 함께 공존하는 공간이다.

인명은 재천인가?

　죽음은 다양한 모습으로 우리에게 다가온다. 나의 죽음에 대해서는 말할 수 없다. 내가 죽음을 경험하는 순간 나의 생명이 끝나기에 그러하다. 하지만 질병의 고통 속에서 맞이하는 안타까운 죽음부터 쇠잔한 생명이 자연스럽게 꺼져가는 노인의 애처로운 죽음, 자연재해나 잔인한 전쟁으로 인한 수많은 사람들의 허망한 죽음까지 우리는 다양한 모습들의 타인의 죽음을 알고 있다. 모든 생명은 존귀하지만 생명이 다하는 그 순간, 그곳에서 그들의 시간은 멈추어 버린다. 타인의 죽음은 나의 시간적인 연속선상에서 발생하는 하나의 사건이다. 나의 삶 속에서 일어나는 하나의 사건이기에 우리는 타인의 죽음에 다양한 의미를 부여한다. 특히 나와 가까운 타인의 죽음 앞에서는 더욱더 큰 의미를 부여한다. 영원한 헤어짐에 대한 절박한 아쉬움을 "어쩔 수 없었던 상황이었다."라고 둘러대는 표현이 어쩌면 '인명재천' 인지도 모른다. 인명은 재천인가? 글쎄다. 연세가 95세인 어머님의 병상 투쟁을 보면 인명은 재천에만 있는 것은 아닌 것 같다. 인명은 주변인들의 관심에 큰 영향을 받는다고 본다.

9월 9일 일요일 아침이었다. 어머님 방에서 매우 거친 숨소리가 들렸다. 나와 집사람은 혹시나 하는 마음으로 어머님 방에 가 보았다. 방에 도착했을 때 우리는 깜짝 놀랐었다. 어머님은 이미 스스로 호흡하시기가 너무 힘들어하셨고, 약간의 경련도 하고 있었고, 의식도 없는 상황이었다. "엄마!" 아무리 불러도 반응이 없었다. 응급한 상황을 직감하고 119에 도움을 요청하였다. 곧바로 119 구급대가 집에 도착하였다. 아마도 2분 정도 걸렸던 것 같았다. 그리고 서둘러 어머님을 인근 이대목동병원 응급실로 모셨다. 응급실의 의사는 어머님의 상태를 보더니 환자 보호자의 동의를 받기도 전에 기도 삽관을 해야 한다고 했다. 그 정도로 위급한 상황이었다. 그 짧은 시간을 놓쳤다면 어머님은 이미 이 세상분이 아니었을 것이다. 그나마 다행으로 조금 더 일찍 어머님을 발견하였고, 조금 더 빨리 병원 응급실에 모셨던 것은 어쩌면 천운인지도 모른다. 그로부터 약 10일 동안 어머님은 중환자실에서 기도삽관을 한 채로 지내셔야 했다. 물론 의식도 없었다. 언제 운명하실지도 모르는 상황이었고 연명치료 중단을 위한 서류에도 서명을 했다.

중환자실은 하루에 두 번, 그것도 두 명이 30분밖에 면회가 되지 않는다. 환자 보호자의 입장에서는 어머님의 상태에 대한 궁금증이 컸지만 어쩔 수 없었다. 그리고 그 짧은 면회시간도 소중했었다. 하지만 시간이 갈수록 불안해졌다. 불확실성에 대한 불안이다. 병원에서 전화가 오면 우선 겁부터 덜컥 났다. 특히 밤늦은 시간에 전화라도 올까 봐 불안한 나날을 보냈다. 그러면서도 매일 가족들이 번갈아 가면서 어머니 병문안을 갔었다. 말이 병문안이지 생명연장을 위한 각종 장치들에 의지하고 계시는 어머님의 병문안은 병문안이 아니라 어머님을 보내드리기 위한 마음의 준비를 하는 순간이기도 했었다. 기도삽관을 한 채로 인공호흡기에 의지하여 호흡을 하고 계시며, 몸에는 각종 모니터에 연결된 센스를 부착해 놓고, 각종 주사제를 줄줄이 매달고 계시는 어머님의 모습을 보는 것도 마음이 아프지만, 하루에 두 번밖에 없는 그 짧은 면회 시간에 나의 가족들은 우리가 할 수 있는 최선을 다했다. 중환자실의 간호사는 어머님이 의식이 없는 상태이기에 우리가 하는 말에 전혀 반응하지 못한다고 했지만 우리는 어머님에게 "힘을 내셔야 한다."는 말을 수없이 했고, 주삿바늘로 인해 시퍼렇게 멍이 든 손도 잡아 드리고, 그동안 하지 못했던 다리를 주물러 드리는 일 등 마지막으로 어머님에게 할 수 있는 최대한의 효도를 다했다. 그냥 이대로 어머님을 보내 드리고 싶지 않은 아쉬움의 표현이었다.

그렇게 중환자실에서 일주일이 지난 어느 날 어머님은 처음으로 반응을 보이셨다. 나와 집사람이 병문안을 갔을 때 일이다. "엄마! 내가 누군지 알겠어요?"라고 했는데 어머님이 고개를 두 번 끄덕이셨다. 옆에 있던 집사람은 반응을 보인 어머님을 지켜보며 깜짝 놀랐다. 재빨리 간호사에게도 반응을 보이신 어머님의 상태를 이야기 했었다. 간호사도 약간 당황한 기색이 역력했었다. 참으로 놀라운 일이었다. 그날 이후 어머님은 기적적으로 기도삽관을 제거하고 의식도 조금씩 회복하셨다. 하지만 여전히 인공호흡기에 의존하여 호흡을 하셔야 했고, 게다가 이제는 폐렴이 문제였다. 그래서 계속해서 중환자실에 계셔야 했다. 중환자실은 말 그대로 생과 사가 오가는 교차점에 있는 곳이다. 우리가 면회 갔을 당시에도 중환자실에서 응급환자가 발생하여 면회가 중단되기도 했었다. 어머님의 의식이 뚜렷하지는 않지만 같은 병실에서 타인의 죽음을 지켜봐야 하는 것도 고통스러운 경험임에 분명하다. 그래서 빨리 중환자실을 벗어나서 일반병실로 옮기고 싶었지만 그것도 쉽지 않았다. 어머님의 기력이 쇠잔하여 어머님 스스로 객담을 뱉어내지 못하셨다. 병원에서는 객담을 제거할 수 있는 간병인을 구해야 일반병실로 옮길 수 있다고 하였다. 일반병실로 옮긴 후에 그런 간병인이 필요하다는 것이 아니라, 그런 간병인을 구하지 못하면 일반병실로 옮길 수 없다는 말에 "여기서는 더 이상 어머님을 치료하기엔 부족하다."는 것을 느꼈다. 그래서 딸이 간호사로 근무하는 세브란스병원으로 옮기기로 하였다.

대학병원에 입원을 하기 위해서는 담당 교수님의 입원장이 필요하였다. 나는 세브란스병원의 많은 교수님들을 잘 알고 있지만 그런 부탁은 쉬운 일이 아니었다. 목요일이었다. 무작정 세브란스병원에 가서 만날 수 있는 몇 명의 교수님을 만났다. 역시 특별히 뚜렷한 치료계획이 없는 상황에서 연로하신 어머님을 특정과로 입원시키기가 쉽지는 않았다. 하지만 가정의학과 강희철 교수님께서 상황을 듣고 선뜻 입원장을 써주셨다. 정말로 고마웠다. 그 다음날 곧바로 간병인을 구하여 세브란스병원 일반병실로 입원하셨다. 첫 날은 1인실을 이용하였다. 하지만 소시민인 나로서는 하루에 50만원씩 하는 1인실 입원비를 감당하기 어려워 다음 날 2인실로 옮겼다. 중환자실은 벗어났지만 어머님 상태는 여전히 위중하였다. 인공호흡기에 의존하여 호흡을 하셔야 했고, 높은 폐렴 수치, 간 기능 악화, 혈 중 이산화탄소 농도 증가, 낮은 헤모글로빈 수치, 폐기종, 부정맥 등 모두 비정상적이었다. 간호사인 딸이 수시로 어머님의 검사 기록을 보고 그 상태를 나에게 알려 주었다. 하지만 담당 교수님은 어머님을 병전 상태로 돌려놓는 것을 치료의 목표로 삼는다고 하셨다. 반신반의하였지만 참으로 고마웠다. 사실 어머님 호흡 상태는 여전히 거칠었고 가족과 약간의 대화는 나누었지만 매우 힘들어하셨다. 아주 힘이 드셨을 때는 "나를 보내 달라!"라고 까지 하셨다.

지난 10월 3일 개천절이었다. 병원에서 오후 근무를 마친 딸이 할머니 병실을 방문하여 모니터 수치를 보고 전화가 왔다. 할머니 모니터 수치가 이상하다고 하였다. 가족 모두 어머니 병실에 모였다. 모니터의 수치가 정말로 이상했다. 심장박동 수가 200까지 치솟고 혈압도 200까지 올라갔다. 어머님의 호흡은 매우 거칠었다. 암센터 병동 간호사로 근무하는 딸이 할머니가 매우 위중한 상태라고 직감했었다. 임종하는 환자를 많이 보아 온 딸이기에 할머니가 그런 임종 직전의 징후를 보이고 있다고 보았던 것이다. 그래서 나에게 "할머니 너무 힘들어하시니깐 진정제라도 놓아 드려야 하는 것 아니냐?"고 했다. 나는 차마 그러기는 싫었다. 이제는 "이것이 마지막인가?"라는 생각에 눈물이 하염없이 눈앞을 가렸다. 더 잘해드리지 못한 후회스러운 마음! 이대로 영원한 이별이라는 절박한 마음! 참으로 힘든 순간이었다. 가족 모두가 같은 마음으로 어머님을 붙들고 울고 있었다. 그러는 와중에 긴급히 당직의사를 불러 부정맥을 치료하는 약물을 주사해 달라고 하였고, 그런 후에야 어머님은 다소 안정을 찾으셨다. 그날이 공휴일인 관계로 어머님 옆 침상이 비어 있었다. 그래서 딸에게 "내일 네가 쉬는 날이니 오늘 밤에 할머니 간호를 해주면 좋겠다."고 하였다. 결혼한 딸도 흔쾌히 수락하였다. 간호사인 딸이 한 숨도 자지 않고 밤을 새우면서 할머니를 간호했었다. 간호에 전문지식이 있는 딸이 할머니 상태를 잘 파악하여 밤새도록 할머니를 간호했던 것이었다.

그날 또 다시 기적이 일어났다. 다음 날 아침에 회진 도는 교수님을 만나기 위해 나는 아침 일찍 병원에 갔다. 딸은 밤새 잠을 못 잤기에 집으로 가고 없었다. 그때까지도 기적이 뭔지 몰랐다. 회진을 도는 교수님이 나에게 이런 말을 하셨다. "우리의 목표는 병 전 상태로 어머님을 돌려놓는 것이고, 아직도 희망의 끈을 놓지 않는다. 하지만 또다시 지난밤과 같은 사태가 발생하면 가족 분들도 마음의 준비가 필요할 것 같다." 참으로 고마웠다. 그런데 그날 오후의 일이다. 죽을 고비를 넘기신 어머님의 얼굴에 생기 돌았다. 그리고 병상에서 스스로 일어나 앉기도 하시고, 밥도 먹고 싶어 하셨다. 밥을 먹지 못하여 자신이 이렇게 아프다고 하신다. 어젯밤에 사경을 헤매셨던 분인데 하루 밤사이에 급반전 일어났다. 아직도 그 원인은 모르겠다. 다만 딸이 밤새도록 잠을 자지 않고 할머니를 간호해 드렸던 것 외에는 모든 것이 똑같았다. 그것이 기적을 일으켰는지도 모른다. 의료진과 환자 가족들의 관심이 기적을 일으켰는지도 모른다. 그런 후에 어머님은 점차 건강을 회복하게 되었다. 그리고 며칠 더 병원에 계시다가 퇴원하셨다. 한 달 넘게 병상에 계셨기 때문에 지금은 걸음을 제대로 걷지 못할 뿐 다른 모든 활동은 정상적이다.

어느 누구는 연로한 노인의 자연스러운 죽음은 온화한 모습으로 다가온다고 말할지도 모른다. "편안하게 운명하셨다." 혹은 "자고 일어나 보니 운명하셨다."라고 부모님의 죽음을 이야기하는 주변의 친구들도 많다. 특히 연로하신 부모님의 죽음에 대해서는 "호상이다."라고도 한다. 죽음의 순간을 목격하지 않은 경우에는 충분히 그럴 수 있다고 본다. 나 역시 그날이 일요일이 아니어서 집을 비웠다면 어머님이 편안하게 운명하셨다고 했을 것이다. 인명은 재천이니 어쩔 수 없었다고 위안했을지도 모른다. 하지만 죽음의 순간은 본인에게나 주변인에게 큰 고통을 준다. 나의 시간적인 연속선상에서 나의 가족 한 명과 영원한 이별을 해야 한다는 그 순간의 허무함은 이루 말로 표현하기 힘들다. 목 놓아 큰 소리로 울고 싶어도 울 수 없었고, 그냥 흐르는 눈물은 그치지가 않았다. 죽을 고비를 넘기신 어머님의 경우는 분명히 기적이 있었다. 그러나 기적은 저절로 오는 것은 아닌 것 같다. 가족들의 관심이 어머님의 삶에 대한 의지를 북돋아 주었는지도 모른다. 돌이켜보면 집안에서 몇 분만 늦게 어머님을 발견했었다면, 중환자실에서 의식이 돌아오지 않았다면, 일반병실에서 혈압이 200까지 치솟는 그 순간을 극복하지 못했다면 어머님은 이미 이 세상분이 아니었다. 그러나 그 모든 순간에 의료진과 가족의 관심이 있었다. 인명은 재천에만 있는 것은 아닌 것 같다.

자살을 방조하는 사회

얼마 전 검찰의 수사를 받아 온 모 검사가 자살한 사건이 있었다. 그와 관련하여 언론은 자살한 방법은 물론이고, 투신한 장소까지 사진에 실어 기사화했다. 그것도 아주 구체적이었다. "4층 화장실 작은 창문을 통하여 투신했다."는 내용이었다. 자살에 대한 언론의 권고기준에 따르면 자살에 대한 보도는 무조건 자제해야 하고, 자살 방법에 대한 구체적인 묘사는 절대 피해야 한다. 그러나 우리의 언론은 이런 권고기준을 지키려고 하는지 의문이다. 오래전 핀란드에서 일어난 이야기이다. 1988년 노키아의 사장이 자살을 한 사건이 있었다. 핀란드의 경제 성장이 점차 가시화돼 가던 시점에서 터진 충격적 사건이었지만 언론 기사는 간결했고, 자살 방법 같은 것은 다루지도 않았다. 사회적으로 미칠 파장을 고려해 자극적인 내용은 철저히 배제한다는 언론 자율 보도 지침에 따른 것이었다. 핀란드에서의 자살 보도는 관련 통계 기사 아니면 인터넷 검색조차 쉽지 않다. 보도를 하더라도 다큐멘터리나 대담을 통해 심층적이면서도 객관적으로 접근한다고 한다. 핀란드는 1970년대에 인구 10만 명당 자살률이 20명이 넘었고, 1980~90년대에 들어서는 30명을 웃돌면서 세계 최고 수준을 기록하였다. 그래서 핀란드 정부가 직접 나섰고, 세계에서 처음으로 국가 주도의 대규모 자살 예방 프로젝트를 시행하여 자살률 감소에 성공한 나라이다. 지금의 핀란드는 2013년도의 자료에 의하면 10만 명당 자살률이 15.8명이다.

우리의 경우는 어떠한가? 1990년의 자살률은 8.8명에 불과했었다. 하지만. IMF 사태가 발생한 1998년 18.4명으로 증가하더니 신용카드 대란이 일어난 2003년 22.6명, 글로벌 금융위기 직후인 2009년에는 31명으로 급증했다. 최근의 자료인 2015년에는 10만 명당 자살률이 26.5명이지만, 그 역시 OECD 평균인 12명에 비하면 엄청나게 높은 숫자이고, 여전히 세계 1위의 자살률을 기록하고 있다. 이 중에 65세 이상 노인의 자살률은 10만 명당 58.6명이고 OECD 평균에 비하면 3배에 달하는 높은 자살률이다. 또한 2016년 기준으로 65세 이상 노인 빈곤율은 49.6%로 OECD 평균인 12.6%의 4배가 되는 수치이다. 자살률 못지않게 노인 빈곤율이 세계 최고 수준인 이유는 고령화가 진행되면서 노인인구는 크게 증가했지만 그 세대는 노후대책을 생각하지도 못한 세대이기도 하고, 또

한 점차 핵가족 시대가 되어가는 사회 분위기 속에서 노인들에 대한 노후소득을 보장하기 위한 각종 사회보장제도가 없기 때문이다. 노인 자살률과 노인 빈곤율이 모두 높은 것은 서로 무관하지 않다. 보건복지부가 2014년 자살 생각을 경험한 만 60세 이상 노인 68만 6743명을 대상으로 자살 동기를 물은 결과 절반에 가까운 노인들이 경제적 어려움(40.3%)을 토로하며 자살을 택한다고 답했다.

Durkheim은 자살을 사회적인 사실에 의해서만 설명될 수 있다고 하였다. 사회통합과 사회규제라는 두 가지 사회학적 변수를 통하여 자살의 유형을 이기적 자살, 이타적 자살, 운명적 자살, 아노미적 자살로 분류하였다. 사회통합이나 사회 결속력이 약해지면 가족 및 주변의 지지가 없어지게 되고, 개인은 고립되기 때문에 결국 자살, 이기적 자살에 이르게 된다는 것이다. 또한 사회적인 규제가 너무 강하여 사회의 가치를 개인의 가치보다 더 중시할 때 발생하는 이타적 자살, 또한 개인에 대한 억압은 운명처럼 받아들이거나 혹은 강력한 사회적 규제 앞에 무력감을 느끼면서 일어나는 숙명론적 자살, 그리고 사회적 규제가 부족하여 사회의 급변한 변화와 불안정으로 인해 무규범의 상태로 빠져 들면서 발생하는 아노미적 자살로 구분하였다. 물론 알프레드 알바레즈는 특히 문학가들의 자살의 배후에는 인간이 답할 수 없는 실존적인 절망감(부조리)이 있으며, 이 절망감에 대한 해답을 찾을 수 없기 때문에 자살하게 된다고 하였고, Durkheim 과는 달리 심리학적 이론으로 자살을 설명하는 학자들도 있다. 하지만, 우리나라의 경우는 경제적인 위기 이후에 높은 자살률을 기록하였고, 그 원인도 경제적인 원인이 크기 때문에, Durkheim과 같이 사회적인 요인에서 자살의 원인을 찾아야 한다고 본다. 더군다나 곧 노인인구가 전체 인구의 20%가 넘는 초고령화 사회를 눈앞에 둔 우리 사회에서의 노인층의 높은 자살률은 분명히 개인적인 문제가 아니라 사회적인 문제이다.

이에 우리나라 정부에서도 2004년 9월에 제1차 자살예방대책기본계획(2004~2008년)을 발표하였으나 자살률 감소에 큰 영향을 미치지 못했고, 그 이후 2008년에는 범부처가 참여하는 제2차 자살예방종합대책(2009~2013년)이 다시 수립되었지만 그 역시 뚜렷한 성과를 거두지 못했다. 그리고 몇 년 쉬었다가 2016년에 제3차 자살예방기본계획을 발표하였다. 제3차 자살예방기본계획은 앞서 진행된 자살예방기본계획의 성과를 평가하고 한계점을 확인하여 구체적 접근을 하고자 하였다. 제3차 자살예방대책의 목표는 2020년까지 10만 명당 20명으로 자살률을 낮추고, 비전은 '자살로부터 안전한 건강한 사회' 만들기이다. 그리고 자살예방정책과 관련된 예산은 2016년도에는 85.26억 원에서 2017년에는 99.3억 원으로 증가했다고 한다. 이러한 내용들만 보면 우리나라도 곧 자살률이 감소하여 OECD 자살률 1위라는 불명예에서 벗어날 것 같은 착각에 빠진다.

하지만 일본의 자살률 감소를 위한 2017년도의 정부 예산은 7,633억 원으로 단순비교를 하면 우리나라 예산의 77배에 달한다. 경제규모를 고려해도 자살에 대한 사회적 관심이 우리와는 다르다. 일본은 2017년 예산이 약 1,086조이고 그중에 7,633억 원(0.07%)을 자살예방에 사용한다. 하지만 우리나라는 2017년 예산 약 400조 중 99억 원(0.002%)만 자살예방에 사용한다. 일본의 경우는 그렇게 자살예방을 위한 예산을 사용하고도 2017년 OECD 발표에 의하면 아직도 인구 10만 명당 17.6명이다. 같은 발표에 의하면 OECD 평균은 12.1명, 우리나라는 28.7명이다. 우리나라의 자살예방을 위해 정부가 투자한 예산의 70배 이상의 예산을 사용하면서도 아직도 OECD 평균에도 못 미친다. 그런데 우리는 겉으로 보기에는 매우 다양한 정책들을 수립하고 있으나 예산의 투입은 일본에 비하면 쥐꼬리만큼 하고 있다. 그러면서도 효과를 충분히 내겠다고 한다. 제대로 된 예산이 투입되지 않은 정책은 형식에 불과하다. 자살의 충동에 빠질 수 있는 경제적인 어려움을 겪고 있는 중장년층의 상담에 투입되는 예산부터 시작하여, 자살시도자의 약 80%가 겪는 우울증 치료를 위한 1차 진료의 문턱을 낮추기 위해 투입되어야 할 예산, 핵가족 사회에서 경제적인 어려움으로 인해 사회적 고립을 경험하는 노인층에 대해서 구체적으로 어떠한 방법을 동원해서 어느 정도의 예산을 투입하여 노인층의 자살률을 줄이겠다는 구체적인 방안과 예산 투입이 없는 정책들은 사상누각에 불과하다고 할 것이다.

얼마 전 기사에 의하면 내년도 사회간접자본 예산은 국토부가 18조 7,000억 원을 기재부에 제출했지만 기재부에서 이를 삭감해 17조 7,000억 원으로 편성해 국회에 제출했다고 한다. 건설업계는 사회간접자본 예산 축소가 서민 일자리 감소, 지역경제 활성화를 저해할 뿐 아니라 장기적으로 국가 경쟁력마저 저하시킬 우려가 있다며 사회간접자본 예산 확대를 정부와 국회에 지속적으로 건의해 왔다. 또 한편에서는 국회에서 67억 원의 세금이 투입되는 국회의원 보좌관 한 명을 더 늘이는 법안을 통과하였다. 모두 의미 있는 예산 편성이고, 국회의원 보좌관 한 명 더 늘이는 것도 이유가 있다고 본다. 그러나 OECD 자살률 1위를 기록하고 있는 나라에서 자살예방과 관련된 예산은 너무 적은 것 아닐까? 우리 사회도 이제는 자살을 바라보는 시각이 달라져야 한다. 자살이 단순한 개인적인 문제가 아니라 사회적인 문제이고, 그러한 사회적인 문제를 해결하기 위해 더 많은 예산을 투입해야 한다. 1990년대 1만 5,000명에 달하던 교통사고 피해자를 줄이기 위해 매년 4,000억 원대 사고예방 예산을 투입하여 2015년에는 4,621명으로 감소시켰다. 2001년부터 2011년까지 10년간 38.6%의 교통사고가 감소하는 등 예방효과를 톡톡히 본 셈이다. 그러나 자살로 인한 사회적 손실은 6조 4,769억 원에 달하고, 1년에 1만 3,000여 명이 자살로 사망하지만 이를 예방하기 위한 예산은 99억, 담당 공무원은 단 2명에 불과하다고 한다.

자살은 Durkheim의 이야기처럼 느슨한 사회통합으로 인한 개인의 사회적 고립이 큰 이유 중에 하나이다. 한 개인의 사회적 고립이 사회에 대한 폭력적인 형태로 나타난다면 큰 사회적인 범죄로 나타날 수도 있다. 이와 같이 사회적 고립으로 인한 우리 사회의 피해는 그 규모가 엄청나다. 더불어 잘 살아가는 사회를 위해서 이제는 우리도 이웃을 한 번 더 돌아봐야 할 때가 아닌가 생각한다. 주변인과의 교류가 적고 의사소통 빈도가 낮은 1인 고령가구의 증가 현상이 뚜렷한 한국의 인구·가구구조도 문제이고, 우울증 치료를 위한 1차 진료의 문턱을 낮추는 문제도 해결해야 한다. 우리는 빠른 시간 안에 괄목할 만한 경제 성장을 이룬 나라이다. 그래서 수치로만은 잘 사는 나라가 되었다. 잘 사는 나라가 무엇일까? 국민 모두가 행복해지는 나라가 아닐까? 일부 사람들만 행복을 느끼고, 거기에 따라가지 못한 사람들에게 '자기 책임'이라고 몰아세운다면 그것은 '그들만의 파라다이스'를 꿈꾸는 사회일 것이다. OECD가 지난 8월 발표한 '2016 국가별 행복지수'에서 한국은 28위를 기록했다고 한다. 특히 지역사회와의 교류 및 공공부조 수준을 평가하는 '커뮤니티' 항목에서는 끝에서 두 번째인 75위라고 한다. 우리는 너무 앞만 보고 달려오지 않았는가? 이제는 지역사회의 통합과 사회적 연대를 강화하는 곳에도 관심을 기울여야 할 때라고 생각한다. 한 사람의 생명도 소중히 여기는 사회가 바로 행복한 사회로 나아가는 지름길이 아닐까 생각해 본다. 한 사람의 자살이 최소 5~6인의 주변인들에게 우울감, 자살 충동을 심어준다고 한다. 이제 우리는 한 명의 생명도 소중히 여기는 생명존중문화를 조성하는데 모든 사회가 힘을 모아야 할 때라고 생각한다. 정부, 언론, 시민단체 모두가 힘을 합해야 한다. 그래서 더 이상 우리 사회가 자살을 방조하는 사회가 되지 않았으면 한다.

착각 속에 사는 인생

 나는 수영을 오랫동안 해 왔다. 30대에 수영을 처음 시작했으니 벌써 30년이나 수영을 했다. 몇 년 전에는 전국 규모의 미사리 3Km 핀수영대회에 참석하여 50대 참가 선수 200여 명 중에 18등을 했다. 전국 10% 범위의 실력이다. 서울서 개최되는 실내 수영대회에도 여러 번 참석하였다. 나는 지금 나이에도 동네 수영 클럽 상급반 선두에 선다. 선두에 서서 운동을 하다 보면 우연히 발생하는 신체 접촉 때문에 때로는 난감한 일들이 발생한다. 조그마한 신체 접촉에도 매우 민감하게 반응하는 사람들이 있다.
 그날은 조금 특수한 상황이 벌어졌다. 25미터 레인 30바퀴를 도는 강습을 했다. 보통의 경우 몇 바퀴 정도 돌고 나면 일찍 지쳐서 쳐지는 회원들이 여럿 발생한다. 그런 회원들은 레인 출발점 한쪽에 비켜서서 조금 쉬었다가 적당한 시간에 다시 합류하곤 한다. 하지만 그날은 어떤 여성 회원이 수영 도중에 레인의 중앙에 서 있었다. 당연히 나는 중앙에는 사람이 없다고 생각하고 수영을 하다가 뜻밖에 사람이 있는 것을 뒤늦게 발견하였다. 수영에는 급브레이크가 없다. 그렇다고 급회전도 불가능하다. 물고기라면 매우 유연하게 그 사람을 피해 비껴나갔을 것이다. 나는 물고기가 아닌지라 급정거나 급회전은 불가능하여 어쩔 수 없이 나의 한쪽 손끝이 그 여성 회원의 허벅지에 닿았다. 순간 나는 미안하면서도 짜증이 났다. 그래서 터치된 손가락 끝에 힘을 약간 가하여 그 여성 회원의 허벅지를 옆으로 살짝 밀쳤다. 순간적으로 그 여성의 팔이 내 손을 치는 듯한 느낌을 받았다. 하지만 별일이 아니라고 생각하고 수영을 계속 했었다. 그날의 수영강습은 그렇게 끝이 났었다.

그런데 수영 강습이 끝나자마자 그 여성회원이 나에게 다가와 매우 기분 나쁜 표정으로 "왜 남의 허벅지를 만지느냐?"라고 했었다. 나는 순간적으로 화가 치밀었다. 적반하장도 유분수지 멀쩡한 사람을 성추행범으로 몰고 있다는 불쾌한 감정이 앞섰다. 나도 맞받아 쳤다. "왜 레인의 중앙에 서서 다른 사람 수영하는 것을 방해하느냐?"고 화를 냈다. 상황은 이렇게 순식간에 서로 험악한 분위기에 휩싸였다. 그 여성 회원의 말이다. "여자 회원들만 만지고, 남자 회원들은 만지지 않더라.", "어떤 여성 회원은 허리도 잡혔다고 하더라." 하면서 그 회원 입에서 나온 모든 말들은 나를 성추행범으로 몰고 가는 것이었다. 나도 물러서지 않았다. "그것을 어떻게 만졌다고 말하느냐? 단순한 접촉이지 않느냐? 피해 달라는 의도밖에 없었다"라는 반박부터 시작하여, 그날 발끝을 건드린 남자 회원까지 불러놓고 여성 회원만 건드리는 것은 아니라는 것까지 설명을 했어야 했다.

사실 여성 회원의 허리를 잡는 경우도 있었다. 그 해프닝은 오리발을 착용하고 잠형 강습하는 날에 발생했다. 오리발을 착용하고 잠형으로 수영을 하면 물속에서의 스피드는 상당히 빠르다. 그리고 양손을 앞으로 모아 쭉 편 채로 수영을 하기에 마치 창을 들고 돌진하는 형태이다. 그런데 25미터 지점에서 내가 벽을 잡고 턴을 하려는 순간 한 여성 회원이 물속으로 뛰어드는 것이었다. 그 여성 회원은 잠수하여 오는 나를 못 봤고, 나는 물속에서 그녀를 볼 수 없었다. 매우 위급한 상황이었다. 그 속도 그대로 그 여성 회원과 부딪친다면, 그 여성 회원 몸에 큰 상처를 입게 될 수도 있는 아찔한 순간이었다. 순간적으로 이대로 충돌하기보다는 그 여성 회원의 몸 일부라도 잡는 것이 좋겠다는 생각을 했다. 그래서 잡은 부위가 그 여성 회원의 허리였을 것이다. 너무 순간적으로 발생한 일이기에 어느 부위를 잡았는지 지금도 정확한 기억이 없다.

수영장에서 발생한 이런 종류의 사건들은 모두 오해이다. "비켜주세요"라는 의미를 담은 나의 작은 손 움직임이 그에게는 성추행으로 여겨졌던 것이었다. 우리는 타인의 마음을 정확하게 읽어 낼 수 없다. 단지 자기 나름대로의 인지 도식을 가지고 타인의 마음은 추측하고, 확정하고, 인정해 버린다. 어쩌면 인간의 뇌는 참으로 영리하다. 내가 기억하고 싶은 것만 기억한다. 내가 보고 싶은 것만 보고, 내가 듣고 싶은 것만 듣는다. 완벽한 인지 도식이란 것은 존재하지 않는다. 중요한 것은 "내가 잘못 판단할 수도 있다."라는 자각임에도 불구하고 그런 자각이 쉽지 않다. 데카르트는 "나는 생각한다. 고로 존재한다."라고 했지만, 지금은 많이 비판을 받고 있다. 절대적인 이성에 대한 거부가 현대철학의 흐름일지도 모른다. 우리는 자신의 신념임에 불과한 것을 진실로 여기며 살아간다. 진실과 신념은 다름에도 불구하고 우리는 그렇게 살아간다.

수영장에서 있었던 일에 대해서는 지금도 반성을 한다. 상대방이 오해를 했다면 내가 먼저 사과를 했어야 했다. 만약 그랬다면 사소한 오해가 쉽게 풀린다. 그러나 나는 그렇게 하지 못했다. 나 역시 내가 잘난 맛에 사는 사람이기에 그렇다. 요즘은 사회적인 분위기가 나의 의도와는 무관하게 상대방이 성적 수치심을 느꼈다면 성추행범이 된다고 한다. 수영장에서의 나의 행동 역시 나의 의도와 관계없이 성추행범으로 몰릴 수 있다고 생각한다. 나는 반성한다. 상대방이 느꼈을 성적 수치감에 둔감한 나를 반성한다. 비록 상대방의 착각이라고 해도 그 사람의 감정을 존중해야 하는 것이 맞다. 조금 억울한 점이 없는 것은 아니지만 세상이 내 편안한 대로 살 수 없는 것 아닌가? 무인도에서 혼자 살 수도 없고 다양한 사회적인 관계 속에 사는 한에는 상대편의 착각도 존중해 주고 살아야 한다. 나의 의도도 존중받아야 하지만, 우선적으로 타인의 착각을 존중하면서 살자. 어차피 우리 모두 착각 속에 사는 인생들 아닌가?

탈 진실의 시대

카카오 톡이 소통의 수단이 된 지 오래다. 친구들과의 카톡방, 가족 혹은 동우회 회원들과의 카톡방 등 다양한 카톡방을 통하여 우리는 이웃과 소통한다. 전화나 편지로 소통했던 30년 전의 시절을 생각하면 참으로 오늘날 기술의 발전은 대단하다. 하지만 일방적인 소통이다 보니 많은 문제를 일으키기도 한다. 얼마 전 한 친구가 카톡방에 "북적되지 말고 차분하게 기다립시다."란 글을 올렸다. 그러면서 여기서 '북적'이란 "북한을 찬양하고 적폐라는 미명하에 건전한 우익을 말살하려는 청와대의 용어임."이라고 했다. 난 순간적으로 장난기가 발동했다. 장난기도 있었지만 오히려 그 글의 내용에 대한 거부감이 컸었다. 그래서 나는 "꼴값하지 말고 차분하게 기다립시다."라고 글을 올리면서 여기서 '꼴값'이란 "꼴통들이 갑질하는 의미임"이라고 했다. 나의 친구들은 경상도 시골 출신들이다. 60대, 그것도 박정희 대통령이 태어난 구미 바로 옆 동네인 김천이 고향이다. 그러니 내 친구들은 보수적인 색채가 매우 강하다. 그런 친구들 카톡방에 내가 '꼴값', '꼴통' 운운하면서 글을 올렸으니 나도 참으로 별난 사람이다. 하고 싶은 말은 해야 속이 풀리니 그리 좋은 성격은 아니다. 내가 글을 올리자 말자 카톡방이 난리가 났다. "어떻게 '꼴값', '꼴통'이라는 부정적인 단어를 사용하면서 친구들을 폄하할 수 있는가?"부터 시작해서 "넘지 말아야 하는 선을 넘었다."라는 표현까지 많은 친구들의 항의성 글들이 올라왔다. 나를 두둔해 주는 친구들은 없었다. 나를 비난하는 수많은 댓글을 혼자 방어하느라 꽤나 힘들었다. 그래도 의연하게 버티었다. 아무런 근거도 없이 지어낸 거짓 주장을 지적하고 싶었기 때문이다. "북한을 찬양한다."라든지 "건전한 우익을 말살하려 한다."라는 말은 내가 보기에 분명한 거짓말이다.

우리는 우리 주변에서 일어나는 일들에 대해서 참과 거짓을 구분하기가 쉽지 않다. 인간이 합리적이라고 생각하지만 사실은 합리적으로 생각한다는 것이 쉽지 않다. 우리의 생각 속에는 논리적인 오류들이 넘쳐흐른다. 우리가 매일 접하는 광고도 사실은 조건반사를 이용한 인간 사고의 조작에 불과하다. 미인과 제품을 연결시켜 제품에 대한 선호도를 높이는 것이다. 그뿐만이 아니다. 911 테러 때 부시 미 대통령은 빈 라덴을 악마로 표현하면서 응징을 다짐했고,

빈 라덴 역시 미국을 제국주의 악마라고 여긴다. 누가 악마일까? 무언가 과장되어 있지만 서로가 서로를 악마라고 규정하면서 자신의 신념을 확고히 한다. 전혀 합리적이지 않는 흑백논리로 끔찍한 전쟁까지도 일어난다. 또 다른 예로는 '선택적 추상화'가 있다. 사건의 주된 내용은 무시하고 특정한 일부의 정보에만 주의를 기울여 전체의 의미를 해석하는 것이다. 앞 뒤 전체 맥락은 무시하고 문제된 발언 하나에 초점을 맞추어 타인을 공격할 때 주로 사용된다. 언론에서 정치권을 비난할 때 자주 등장한다. 또 다른 예이다. 비행기 사고로 인한 죽음의 공포로 비행기 여행을 꺼리는 사람이 있다. 하지만 그는 자동차로는 여행을 다닌다. 비행기 사고보다 승용차 사고로 인해 죽는 경우가 훨씬 많음에도 불구하고 그는 그런 생각을 한다. 파국성이 클 경우 그 사건의 발생 가능성도 매우 높게 인식하는 '가용성 어림법'으로 판단하기 때문이다. 이와 유사한 비합리적인 생각들은 모두 나열하기조차 쉽지 않다.

얼마 전에 '거짓말'이라는 주제를 가진 작품전시회를 본 적이 있었다. 갈수록 정보가 넘치고, 주의 주장이 강해지고, 저마다 믿고 싶은 것만 믿는 요즈음, 이러한 현상을 작가들은 어떻게 보고 있는지, 또한 어떻게 반응하고 있는지 살펴보는 전시회라고 소개하고 있었다. 작품전시회를 소개한 팸플릿에 '탈 진실의 시대'라는 용어가 눈에 띄었다. 탈 진실의 시대는 2016년 옥스퍼드 사전이 선정한 올해의 단어이다. 여론을 형성할 때 객관적인 사실보다 개인적인 신념과 감정에 호소하는 것이 더 큰 영향력을 발휘하는 현상을 나타내는 말이다. 인터넷의 발달로 여론을 형성하는 방법도 매우 다양해 졌고, 전파 속도도 매우 빠르다. 인터넷이 발달하기 전에는 사회현상에 대한 정보가 오늘날처럼 넘쳐나지 않았다. 신문이나 방송, 책자를 통한 정보가 모두였다. 하지만 지금은 수많은 정보가 우리 주변에 넘쳐난다. 그곳에는 참된 정보와 거짓된 정보가 뒤섞여져 있다. 개인 블로그나 유튜브를 통한 수많은 정보들을 페이스북이나 카톡방을 통하여 순식간에 퍼 나른다. 그러나 중요한 것은 우리가 그렇게 많은 정보들을 선택함에 있어서 진실 여부는 중요하지 않다는 것이다. 친구 따라 강남까지 가기도 한다. 집단의 의견에 동조하는 현상이다. 그리고 자신이 믿고 있는 신념을 뒷받침해주는 정보에만 관심이 있을 뿐이다. 그러면서 자신의 신념을 더욱더 공고히 한다. 이른바 확증 편향이다. 우리는 그러한 탈 진실의 시대에 살고 있다.

보수 편향이 매우 강한 유튜브를 자주 보는 친구가 있다. 그 친구는 도로 건설과 관련한 교통 전문가이다. 어느 날 경제와 관련된 유튜브를 보고 "경제와 관련해서 이렇게 잘 설명해 놓은 유튜브가 없다."고 하면서 나에게 보라고 권했다. 나와는 매우 친한 친구이다. 나는 친구의 성의를 봐서 앞부분만 보고 나머지 부분은 보지 않았다. 인내 없이는 절대로 끝까지 볼 수 없는 내용들이 대부분이다. 구체적인 예를 들자면 이런 내용이다. "이 세상에 평등이란 것은 없다. 시장 경쟁에 의한 자유만이 가장 소중한 가치이다."라는 내용이다. 그것도 유명 대학 교수의 말이다. 게다가 외국 교수도 초빙하여 대담을 한다. 자유시장의 가치를 소중히 생각하는 것은 충분히 이해한다. 하지만 그들은 소득불평등, 빈부격차의 심화로 발생되는 사회 불안요소는 지적하지 않는다. 그러한 사회 불안요소가 궁극에는 사회 안전을 해칠 수 있다는 점은 지적하지 않는다. 대부분의 유튜브들이 그렇다. 편파적이고, 자극적인 표현들이 많다. 그렇게 제작을 해야 구독자가 많아지는 모양이다. 물론 취미 생활과 관련된 유튜브, 인문사회 분야의 다양한 정보를 전해주는 유튜브들이 없는 것은 아니다. 하지만 일방적인 주장만을 전파하는 유튜브들이 우리 주변에 넘쳐흐르고, 그러한 일방적인 정보를 전달하는 각종 매체들이 '탈 진실의 시대'를 확대 재생산한다.

우리는 '내가 진실이기를 원하는 것'을 진실로 받아들인다. 그래서 나와 유사한 생각을 하는 글이나 나의 생각을 지지해 주는 유튜브들에 대해서는 무조건적인 찬사를 보낸다. 나에게 알게 모르게 주입 된 타인에 대한 선입견, 그리고 자신이 보고 싶은 것만 보려는 인간의 한계! 그렇게 인간은 자신이 가지고 있는 독특한 인지 도식을 가지고 살아간다. 하지만 중요한 것은 "내가 잘못 판단할 수도 있다."라는 자기반성이다. 자기반성 없이 "나의 판단들은 항상 합리적이다."라고 믿고 행동할 때 많은 문제가 발생한다. 사고의 융통성이 없으니 다양한 생각들을 받아들일 마음의 여유가 없다. 자기 중심적이고 자기 폐쇄적이기 조차한 나르시시즘은 우리는 가장 경계해야 한다. 가치판단에는 진실이 없다. 산이 좋을 수도 있고, 바다가 좋을 수도 있다. 진보의 가치를 소중하게 생각할 수도 있고, 보수의 가치를 중요하게 생각할 수도 있다. 하지만 우리는 자신의 신념에 불과한 가치판단을 가지고 남들과 자주 말다툼을 한다. 그곳에는 진실이 없음에도 불구하고 서로 자기 말이 옳다고 싸운다.

문제는 자신의 가치판단을 뒷받침해 주는 각종 사실 판단들에 있다. 다양한 사실판단에 근거해서 우리는 사건들에 가치를 부여한다. 하지만 탈 진실의 시대에 왜곡된 각 종 정보가 넘치다 보니 올바른 사실판단을 하기에 많은 어려움이 있다. 그래서 요즘은 팩트체크가 인기 있는 프로그램이 되었는지도 모른다. 탈진실의 시대에는 내가 가지고 있는 정보의 유한성, 그리고 나의 생각에 영향을 미칠 수 있는 논리적 오류들에 대한 자기반성적인 통찰이 필요하다. 하지만 나는 오늘도 나와 생각이 다른 친구들의 글에 대해서 또 다시 댓글을 단다. 그러고는 후회한다. 탈 진실의 시대에 진실을 찾기 위한 나만의 발버둥이다.

행복한 시시포스

코로나 19 바이러스의 확산으로 온 지구가 심한 몸살을 앓고 있다. 지금까지 전 세계적으로 약 500만 명 이상 감염되었고, 34만 명의 목숨을 앗아갔다. 아직도 여전히 진행형이다. 백신이 개발되기 전까지 우리는 계속 마음 졸이면서 코로나19와 함께 살아야 할지도 모른다. 사회적 거리 두기가 한창일 때 나는 카뮈의 〈페스트〉를 읽어 보고 싶었다. 1347년부터 1351년 사이에 중세 유럽 인구의 약 1/3을 죽였다는 페스트에 대응하는 인간의 모습을 카뮈는 어떻게 그렸을까? 물론 까뮈의 〈페스트〉는 중세 유럽의 대재앙을 직접 소설의 대상으로 하지는 않았다. 소설의 무대는 알제리 도시 오랑이었고, 사라졌던 병이라 여겼던 페스트가 알제리의 도시 오랑을 덮치면서 10개월 동안 도시 사람들이 겪는 사투를 르포르타주 형식으로 그렸다. 절망적인 운명에 반항하며 공동 투쟁을 벌이는 사람들의 모습을 보여주고 있다.

카뮈는 페스트에 대응하는 세 가지 종류의 인간상을 그리고 있다. 우선 신문기자인 랑베르이다. 그는 우연히 이 도시로 왔다가 도시가 봉쇄되자 꼼짝없이 고립되고 애인과 헤어지게 되는 상황에 처하게 된다. 그는 페스트는 '나와는 관계없는 일'이었고, 하루빨리 이 도시를 탈출해야겠다고 생각한다. 중국 우한에서 처음 코로나19 집단 감염이 발생했을 때 우한을 탈출하고자 하는 사람들의 마음이 랑베르와 같지 않았을까? 나 역시 랑베르와 다르지 않다. 어쩌면 그것은 죽음을 회피하고자 하는 보통사람들의 마음일지도 모른다. 하지만 랑베르는 마음이 변했다. 주인공 리유가 랑베르에게 도시를 탈출하려는 것은 행복을 선택하는 것이고, 그것이 부끄러울 게 없다고 한다. 하지만 랑베르는 "혼자만 행복하다는 것은 부끄러운 일이지요"라고 하면서 도시를 탈출하지 않았다. 랑베르는 처음에는 이 도시와 아무 관계가 없다고 생각했지만, 그 모든 상황을 모두 다 보고 나니 이 사건이 우리 모두에게 관련된 것이라고 깨닫는다. 소설 후반부의 랑베르의 변심에 나는 행복을 선택하는 랑베르의 태도가 당연하다고 받아들인 나의 부끄러움을 감출 수 없었다.

그다음으로는 파눌루 신부이다. 그는 페스트는 하나님의 벌이고 우리는 그것을 수용해야 한다고 한다. "올바른 사람들은 조금도 그것을 두려워할 필요가 없습니다. 그러나 사악한 사람들이 떠는 것은 당연한 일입니다." 나는 종교를 갖고 있지 않기에 파눌루 신부의 이야기에 공감할 수 없다. 하지만 소설 후반에 사악함과는 거리가 먼 어린아이의 죽음을 눈앞에 두고 파눌루 신부는 마음이 흔들린다. 어린아이의 고통과 죽음의 공포! 파눌루 신부는 과연 그 어린아이가 기다리고 있는 영생의 환희가 능히 그 고통을 보상해줄 수 있다고 말할 수 있을까? 카뮈는 "영생의 기쁨이 순간적인 인간의 고통을 보상해줄 수 있다고 누가 감히 단언할 수 있단 말인가?"라고 이야기한다. 파눌루 신부는 자신도 페스트에 걸렸지만 의사의 진찰을 받지 않는다. 자신의 생명조차도 신에게 맡기는 자세이다. 물론 파눌루는 죽음을 맞이한다. 무신론자인 나로서는 파눌루 신부의 삶의 태도에 공감할 수 없지만 존중은 한다.

마지막으로 주인공인 의사 리유의 자세이다. 리유는 페스트에 맞서 싸워야 한다고 한다. 소설 속의 리유와 랑베르의 대화이다. "페스트와 싸우는 유일한 방법은 성실성입니다." "성실성이 대체 뭐지요?" "그것은 자기가 맡은 직분을 완수하는 것이라고 알고 있습니다." 이것이 바로 주인공 리유의 자세이다. 의사의 직분으로 최선을 다해 환자를 치료하는 것이 페스트와 싸워 이기는 것이라고 생각한다. 나는 이 대목에서 큰 감명을 받았다. 페스트와의 싸움이 일상적인 삶 속에서의 성실성이라는 자세는 예전에 미처 생각해 보지 못했다. 어쩌면 그 자세가 바로 삶 속에서 자기 자신의 진정한 주인이 되는 실존적인 자세일지도 모른다. 7,000여 명의 집단 감염이 발생한 대구에서 보여준 우리의 태도가 바로 카뮈가 이야기하는 반항으로서의 성실함이다. 최일선에서 자신에게 주어진 임무에 최선을 다한 수많은 의료진과 그들을 돕기 위해 솔선수범을 보인 자원봉사자들, 그리고 사회적 동요 없이 정부의 방역 방침을 잘 따라준 성숙한 시민의식! 바로 그들이 카뮈가 보여준 반항적인 태도로서의 성실함이다.

카뮈의 〈이방인〉은 코로나19와 직접적인 연결고리는 없다. 하지만 코로나19의 현 상황이 부조리한 현실이라면, 그 현실에 열정을 가지고 저항해야 한다는 카뮈의 정신은 다시 한번 생각해 볼 필요가 있다고 본다. 사르트르가 이야기한다. "부조리의 인간은 반항 속에서 자기 자신을 긍정한다." 카뮈의 반항은 성실함에 있었고, 그것이 곧 삶에 대한 긍정이다. 그 반항은 〈시시포스의 신화〉에서도 읽을 수가 있다. 신화에 의하면 시시포스는 끝없이 거대한 돌덩이를 산 정상에 굴려 올리지만 다시 굴러 떨어지는 돌덩이를 또다시 산 정상에 굴려 올린다. 종말을 모르는 이 무한한 반복 속에서 시시포스는 아무런 말없이 그의 운명을 받아들인다. 그의 침묵은 바위보다 무겁다. 어쩌면 코로나 19는 또다시 굴러 떨어질지도 모르는 시시프스가 굴려 올리어만 하는 바위 같은 존재일지도 모른다. 앞으로의 사회에서 바이러스는 우리와 함께 살아가야 하는 운명 같은 존재이다. 하지만 시시포스는 하산하면서 생각한다. 이 부조리한 현실을 거부하지 않고 내 주어진 운명으로 묵묵히 받아들인다. 그리고 다시 그 무거운 바위를 굴려 올린다. 그러한 시지프스는 비극적이지만 굴복하지 않고 열정을 다하여 그 바위를 다시 굴려 올린다. 그것이 바이러스와 함께 살아가야 하는 우리의 운명일지도 모른다.

이번 코로나 19는 참으로 특이한 바이러스이다. 그 생명력이 매우 질긴 바이러스인 것 같다. 백신 개발까지 아직 가야 할 길이 멀지만 언젠가는 극복되리라 믿는다. 하지만 또 다른 바이러스가 우리 곁에 다가올 것이다. 많은 사람들이 포스트 코로나를 이야기한다. 하지만 나는 그 무엇보다도 이 펜데믹 상황의 극복을 위하여 실존적인 삶의 자세를 다시 한번 더 생각하게 된다. 코로나 19와 포스트 코로나에 대응하는 근본적인 우리 인간들의 바람직한 자세는 카뮈의 글에서 그 답을 찾을 수 있을지도 모른다. 카뮈는 〈페스트〉의 마지막 부분에서 이렇게 말한다. "페스트균은 결코 죽거나 소멸하지 않는다." 그렇다. 바이러스 역시 결코 죽거나 소멸하지 않는다. 언젠가 또다시 새로운 모습으로 우리를 공포에 몸서리치게 할 것이다. 비극적이지만 좌절해서는 안 된다는 카뮈의 외침! 사회적 연대를 가지고, 좌절하지 않고, 열정을 다하며 저항해야 한다는 외침! 그 저항이 바로 성실함에 있다는 점에서 나는 또다시 바위를 굴려 올리지만 행복해하는 시시포스를 생각해 본다.